CLAU VELOSO

COMUNICAÇÃO ORGANIZACIONAL NA ERA TECH

2ª EDIÇÃO

Freitas Bastos Editora

Copyright © 2025 by Clau Veloso

Todos os direitos reservados e protegidos pela Lei 9.610, de 19.2.1998. É proibida a reprodução total ou parcial, por quaisquer meios, bem como a produção de apostilas, sem autorização prévia, por escrito, da Editora.

Direitos exclusivos da edição e distribuição em língua portuguesa:
Maria Augusta Delgado Livraria, Distribuidora e Editora
Direção Editorial: *Isaac D. Abulafia*
Gerência Editorial: *Marisol Soto*
Diagramação e Capa: *Deborah Célia Xavier*
Revisão: *Doralice Silva*
Assistente Editorial: *Larissa Guimarães*

Dados Internacionais de Catalogação na Publicação (CIP) de acordo com ISBD

V432c	Veloso, Clau
	Comunicação Organizacional na Era Tech / Clau Veloso. – 2. ed. - Rio de Janeiro, RJ : Freitas Bastos, 2025.
	148 p. ; 15,5cm x 23cm.
	Inclui bibliografia.
	ISBN: 978-65-5675-569-4
	1. Comunicação. 2. Comunicação Organizacional. 3. Era Tech. I. Título.
2025-2726	CDD 302.2
	CDU 316.77

Elaborado por Vagner Rodolfo da Silva - CRB-8/9410

Índice para catálogo sistemático:
1. Comunicação 302.2
2. Comunicação 316.77

Freitas Bastos Editora

atendimento@freitasbastos.com
www.freitasbastos.com

SOBRE A AUTORA

Clau Veloso

É jornalista com foco empresarial, pós-graduada em Gestão da Comunicação nas Organizações, mestre em Marketing Digital pela Universidad Isabel I, Espanha. É também certificada em práticas de ESG pela Brisot.

Construiu mais de uma década de carreira, principalmente em empresas e órgãos públicos de grande porte. Criadora e líder do primeiro curso de pós-graduação em Gestão do Endomarketing e *Employer Branding* no Brasil, pela Faculdade Unyleya.

Partner do ecossistema Great People para certificar empresas como GPTW. Atua como professora do curso "Endomarketing na Prática" pela Sólides Tecnologia e como colunista de endomarketing do RH Portal.

APRESENTAÇÃO

Apresentamos a segunda edição, totalmente revista e expandida, do aclamado livro "Comunicação Organizacional na Era Tech". Em um panorama empresarial cada vez mais moldado pela tecnologia e pela velocidade da informação, dominar as nuances da comunicação organizacional digital tornou-se um diferencial competitivo crucial. Esta obra oferece uma análise aprofundada e atualizada de como as novas tecnologias impactam a forma como as organizações se comunicam com seus públicos internos e externos.

E como um bônus especial desta segunda edição, incluímos um capítulo dedicado à "Liderança Situacional e a Comunicação na Era Tech para C-Levels". Compreendendo que a comunicação eficaz é um pilar fundamental da liderança, exploramos como os líderes podem adaptar seus estilos de comunicação às diferentes situações e aos diversos perfis de suas equipes em um contexto tecnológico.

A conexão entre comunicação assertiva e liderança situacional reside na forma como o líder se comunica em cada um dos estilos. Um líder situacional eficaz precisa ser um comunicador assertivo para implementar cada estilo de maneira adequada.

A ausência de comunicação assertiva pode comprometer a eficácia da liderança situacional. Um líder passivo pode ter dificuldade em dar instruções claras ou *feedback* necessário, enquanto um líder agressivo pode desmotivar e intimidar a equipe, independentemente do estilo de liderança que tente aplicar.

Aproveite a nova edição!

PREFÁCIO

Prezados leitores,

Convido todos a explorarem, nas páginas que se desdobram, um universo fascinante onde a Era Tech se entrelaça, de forma surpreendente, com a essência humana, graças à habilidade fascinante de Clau Veloso em tornar a complexidade da comunicação organizacional em uma experiência acessível e intrigante.

Ao abraçar os avanços tecnológicos contemporâneos, desde a Era Tech até a inteligência artificial, robótica, computação quântica, realidade virtual e segurança da informação, a autora proporciona uma compreensão aprofundada desses temas aparentemente intrincados. O propósito que permeia a redação deste livro transcende a mera informação, pois Clau almeja oferecer uma leitura envolvente, leve e prazerosa.

Durante a leitura, torna-se evidente o fio condutor que conecta tecnologia e bem-estar no ambiente de trabalho. A cultura *people first*, defendida com maestria, a qual eu acredito e defendo, emerge como um componente essencial, não apenas para o bem-estar dos colaboradores, mas também para o êxito organizacional.

Assim como Clau Veloso faz, com notável sabedoria, uma analogia entre a comunicação e a regência de uma orquestra, também ressalta a harmonia necessária para uma comunicação eficaz, mesmo diante de desafios imprevistos. Isso instiga a reflexão sobre a importância da compreensão das diferenças culturais e da abordagem estratégica na comunicação corporativa bem-sucedida.

Ao compartilhar insights e práticas relevantes, Clau proporciona uma abordagem abrangente e contemporânea sobre o tema. Em suma, este livro é uma expressão eloquente da maestria da autora em reunir as complexidades da comunicação organizacional em uma narrativa coesa e esclarecedora.

Agradeço, sinceramente, a oportunidade de imergir neste trabalho valioso e encorajo a todos a desfrutarem desta leitura enriquecedora.

Atenciosamente,
Marly Vidal

SUMÁRIO

INTRODUÇÃO 13

CAPÍTULO 1
COMUNICAÇÃO CORPORATIVA INTEGRADA NO MUNDO
CONECTADO 15

1.1 A tradicional comunicação integrada 15

1.2 Tendências da comunicação corporativa no Brasil e no mundo ... 20

1.3 *Mindset* geracional e a comunicação 24

1.4 A nova visão de persona nas organizações 27

1.5 Integrar a visão do fluxo da comunicação 31

1.6 O poder da "informalidade" na comunicação 31

1.7 Os pilares da comunicação organizacional 33

1.8 O avanço da tecnologia e a comunicação 35

1.9 Redes sociais e proteção de dados 40

1.10 Lei Geral de Proteção de Dados 41

1.11 Influência da Era Tech no mundo pós-digital 43

CAPÍTULO 2
COMUNICAÇÃO INTERNA E ENDOMARKETING TECH 45

2.1 Comunicação organizacional e seus discursos 47

2.2 Onde começou o endomarketing? 49

2.3 Dez critérios necessários para criar o processo de motivação ... 53

2.4 *Employee Experience* (experiência do colaborador) 55

2.5 Como medir a felicidade no ambiente de trabalho com o endomarketing 56

2.6 Integrar a visão de negócio ao cotidiano do colaborador 58

2.7 Promover a inovação e integração com a tecnologia 60

2.8 Cultura de pessoas em primeiro (*People First*) 62

2.9 Pesquisa de clima organizacional: espaço de escuta e ferramenta de diagnóstico 64

2.10 Foco no desenvolvimento dos profissionais com o *microlearning* 66

2.11 Segurança psicológica e a comunicação organizacional 68

2.12 O papel de ouvidoria no foco nas pessoas 70

2.13 Ouvidoria nas organizações públicas 71

2.14 Ouvidoria no setor privado 73

CAPÍTULO 3
REPUTAÇÃO CORPORATIVA, IMPRENSA E O
EMPLOYER BRANDING **77**

3.1 Relações com a imprensa e a comunicação integrada 77

3.2 Antiga assessoria de imprensa x Nova assessoria de imprensa 78

3.3 Twitter, o atual X 80

3.4 *Employer branding* e a reputação das organizações 83

3.5 Quando o "cliente" é um futuro colaborador 84

3.6 *Influencers* e *top voices* 86

3.7 EVP como diferencial competitivo 88

3.8 Multiplicadores internos, liderança informal e a marca empregadora 91

3.9 O poder da liderança informal nas organizações 92

3.10 Responsabilidade social corporativa e a comunicação organizacional 94

3.11 Comunicação Integrada e RSC 97

3.12 ESG e a comunicação organizacional ... 101

3.13 A governança corporativa, integridade e o *compliance* ... 102

3.14 Comitês corporativos, governança e comunicação ... 104

CAPÍTULO 4
COMUNICAÇÃO ORGANIZACIONAL, *E-COMMERCE* E MARKETING DIGITAL ... 107

4.1 O poder do marketing digital para as vendas ... 109

4.2 Um recorte do Instagram e Facebook (Meta) ... 111

4.3 Google e vendas: um match perfeito ... 112

4.4 A Era do conteúdo e multicanais ... 114

4.5 Marketing de influência ... 116

4.6 Realidade aumentada na comunicação mercadológica ... 117

4.7 O futuro é logo ali ... 119

4.8 A comunicação integrada na estratégia empresarial ... 120

4.9 Performance do comunicador organizacional para negócios de sucesso ... 126

BÔNUS
COMUNICAÇÃO ESTRATÉGICA E LIDERANÇA SITUACIONAL: REFLEXÕES PARA C-LEVELS ... 133

1. Introdução ... 133

2. Fundamentos da liderança situacional ... 133

3. Adaptando a comunicação à liderança situacional ... 134

4. Um minuto para elogiar ... 135

5. C-levels e a comunicação organizacional ... 136

CONSIDERAÇÕES FINAIS ... 137

REFERÊNCIAS ... 139

INTRODUÇÃO

A comunicação organizacional é um processo essencial para o sucesso das organizações no século XXI. Por meio dela, as organizações se relacionam com seus públicos internos e externos, construindo relacionamentos, transmitindo informações e influenciando comportamentos.

Existe uma fragmentação da audiência, em que os públicos estão cada vez mais divididos, com diferentes interesses e necessidades. Isso torna a comunicação, de forma eficaz, com todos eles, mais difícil para as organizações.

Com o excesso de informação, as organizações estão constantemente bombardeadas por informações, provenientes de diversas fontes. Isso torna mais difícil para elas se destacarem e chamarem a atenção de seus públicos.

A comunicação no século XXI anda cada vez mais rápida, o que exige das organizações uma capacidade de resposta veloz e eficaz.

Após trabalhar em diversos contextos da comunicação social, seja em organizações públicas ou privadas, entendi que alguns *gaps* eram persistentes nesses locais. Seja na realidade de uma empresa com 10 colaboradores ou com 10 mil. Em alguns casos percebi uma equipe enorme, cheia de excelentes profissionais, mas que faziam exatamente a mesma coisa e não tinham um perfil de trabalho que pudesse se complementar. E o pior, sem acesso a um sistema mínimo viável de comunicação com o colaborador. Outro local fomentava reuniões de planejamento de comunicação que nunca chegavam a um senso e visão comum. Isso apenas desgastava e fazia com que todo o time levasse o trabalho adiante, simplesmente, empurrando com a barriga.

Ainda atuei em organizações que viviam na base de e-mails e mensagens instantâneas em sua comunicação interna, mas sem nenhuma estratégia por trás. Fora fraudes e vazamentos de informações, ausência de prevenção de riscos de reputação, gestores sem noção alguma do que engloba a comunicação integrada e por aí vai.

As pequenas "rixas" entre Recursos Humanos, Comunicação Social e Marketing também foram presentes em diversos locais que prestei serviços de comunicação organizacional.

Foi pensando nisso e na onda de transformação digital que estamos vivenciando, que essa obra tomou corpo. Esperamos que você aproveite os insights, exemplos e leve para seu estudo e vida profissional.

A proposta é uma jornada de entendimento sobre a comunicação interna, institucional e mercadológica em um contexto veloz de ferramentas e tendências do mundo do trabalho, negócios e pessoas.

O livro é dividido em cinco partes:

- Parte 1: Introdução à comunicação organizacional.
- Parte 2: Comunicação interna.
- Parte 3: Comunicação institucional.
- Parte 4: Comunicação mercadológica.
- Bônus: Liderança Situacional e Comunicação para C-Levels.

A parte 1 apresenta os conceitos básicos da comunicação organizacional e discute as principais tendências e desafios da comunicação organizacional. A parte 2 discute a comunicação interna, discutindo os objetivos, estratégias e ferramentas da comunicação interna diante das novas possibilidades que o endomarketing tech apresenta. A parte 3 trata sobre a comunicação institucional com foco no *employer branding*, relações com a imprensa e responsabilidade social corporativa. A parte 4 aborda comunicação mercadológica, discutindo os objetivos, estratégias e ferramentas dessas áreas de comunicação integradas com o marketing digital, inteligência artificial e realidade aumentada. E a parte bônus desta segunda edição explora como líderes C-Level podem adaptar sua comunicação e liderança às demandas da era digital e aos diferentes perfis de suas equipes.

Aproveite a leitura!

CAPÍTULO 1

COMUNICAÇÃO CORPORATIVA INTEGRADA NO MUNDO CONECTADO

1.1 A tradicional comunicação integrada

Em uma conversa com uma executiva de comunicação, muito respeitada e que já atendeu grandes *players* no mercado da área de tecnologia e varejo, ela me fez um questionamento a respeito da forma como eu trabalho nos projetos de consultoria que, geralmente, atendo. Nessa conversa ela me questionou: — Clau, você pode me explicar o que significa comunicação interna integrada?

Eu parei, refleti e me dei conta que o questionamento dela pode ser o mesmo de diversos profissionais que ficam ali, diariamente, tentando construir um trabalho assertivo na comunicação social, mas acabam confusos pelas diferentes versões e visões do que se transmite sobre a comunicação integrada.

Aqui nós não vamos falar somente da comunicação interna integrada. Mas vamos revisitar, ao longo de toda esta obra, alguns dos principais "personagens" da tradicional comunicação integrada, como ainda podemos trabalhar com muitos deles, e como outros acabaram ganhando novos formatos.

Para começar a falar sobre comunicação integrada, eu vou resgatar um composto de comunicação muito utilizado, até hoje, pela doutora e pesquisadora em comunicação Margarida Kunsch. Aqui você vai conhecer os elementos e, ao longo dessa jornada de estudo, vamos revisar cada um deles e analisar a aplicabilidade nos projetos de comunicação diante do novo contexto de tecnologia, inovação e inteligência artificial que vivemos hoje.

A comunicação integrada no modelo tradicional se divide por comunicação interna, comunicação institucional e comunicação mercadológica. Na imagem abaixo você vai conseguir entender melhor cada um dos elementos, em nossa obra, desses três quadrantes da comunicação.

Imagem 1: Composto da Comunicação Integrada

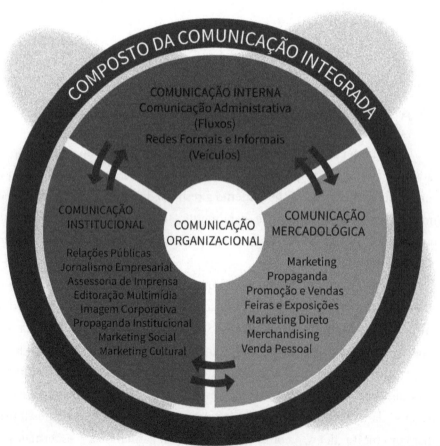

Kunsh, Margarida M. K. Planejamento de Relações Públicas na Comunicação Integrada
São Paulo, Summus Editorial, 4.ed., 2003, p.151

Podemos denominar a comunicação integrada como toda junção de estratégias e táticas, que são organizadas por planos e planejamento macro, com ações operacionais, ações de diagnóstico e ações de prevenção e gestão de crise na Comunicação Interna, Institucional e Mercadológica. Isso, por meio de uma abordagem estratégica, que visa unificar e coordenar todas as formas de comunicação de uma organização, tanto interna quanto externamente.

Cada mensagem e ações de comunicação devem estar alinhadas com os objetivos da empresa e sua identidade de marca. Isso inclui a integração de publicidade, relações públicas, marketing digital, comunicação interna e outros elementos da comunicação em uma estratégia coesa.

Os benefícios da comunicação integrada incluem:

- Imagem de marca consistente;
- Eficácia na comunicação com o público-alvo;
- Abordagem mais eficiente e coordenada em relação aos esforços de comunicação;
- Breve histórico da CC;
- Sugestão de linha do tempo.

A comunicação corporativa no Brasil tem uma história que se estende por várias décadas. Aqui está um breve histórico:

Anos 1950-1960: A comunicação empresarial surge no Brasil por volta de 1950. O crescimento da indústria e a internacionalização das empresas brasileiras favoreceram para que a comunicação corporativa ganhasse mais destaque. As organizações começaram a estabelecer departamentos de comunicação e relações públicas.

Anos 1970-1980: O regime militar no Brasil trouxe desafios adicionais à comunicação corporativa, com a censura governamental e a necessidade de as empresas gerenciarem suas mensagens de forma mais cuidadosa.

Anos 1990: Com o retorno à democracia, a comunicação corporativa voltou a se fortalecer. As empresas buscaram se comunicar de maneira mais aberta e transparente. A internet também começou a desempenhar um papel significativo na comunicação corporativa.

Anos 2000 em diante: A comunicação corporativa continuou a evoluir com a digitalização e o advento das mídias sociais. As empresas passaram a adotar estratégias de comunicação mais abrangentes, incluindo marketing de conteúdo e gerenciamento de crises *online*.

Hoje, a comunicação corporativa no Brasil é uma disciplina multifacetada, que engloba relações públicas, marketing, mídia social, comunicação interna e externa, e é fundamental para a construção e manutenção da imagem e reputação das empresas no mercado brasileiro e internacional.

Comunicação Corporativa pelo mundo

A comunicação corporativa é uma disciplina crucial para empresas em todo o mundo, e muitos países têm se destacado nesse campo. Alguns dos países de destaque na comunicação corporativa incluem:

Imagem 2: A crescente demanda de comunicação corporativa ao redor do mundo

Estados Unidos
Os EUA tem uma indústria de comunicação corporativa altamente desenvolvida, com muitas agências de relações públicas e empresas de comunicação que são líderes globais. Wall Street e a cidade de Nova York, em particular, são centros financeiros e de negócios que demandam uma forte presença de comunicação corporativa.

Alemanha
A Alemanha é conhecida por sua precisão e eficiência, e isso se estende à comunicação corporativa. As empresas alemãs investem, significativamente, em relações públicas e comunicação para manter sua reputação.

Índia
Com o crescimento rápido do setor de tecnologia e negócios na Índia, a comunicação corporativa está em alta demanda. As empresas indianas estão adotando estratégias avançadas de comunicação para se destacarem em mercados globais.

Canadá
O Canadá tem uma indústria de comunicação corporativa robusta, especialmente em Toronto. As empresas canadenses são conhecidas por sua abordagem ética e sustentável para a comunicação corporativa.

Reino Unido
Londres é um dos principais centros financeiros do mundo, e as empresas britânicas são conhecidas por sua comunicação corporativa eficaz O Reino Unido também é o lar de várias agências de relações públicas de renome global.

China
À medida que as empresas chinesas se expandem globalmente, a comunicação corporativa desempenha um papel cada vez mais importante. As empresas chinesas estão cada dia mais buscando profissionais de comunicação para melhorar sua presença internacional.

A crescente demanda de Comunicação Corporativa ao redor do mundo.
(Livro: Comunicação Organizacional na Era Tech)

Fonte: elaborado pela autora (2024).

Esses são apenas alguns exemplos, pois muitos outros países também têm indústrias de comunicação corporativa em crescimento. O sucesso na comunicação corporativa depende da compreensão das diferenças culturais, regulatórias e de mercado de cada país, além de uma abordagem estratégica e eficaz. Vamos entender melhor as tendências da Comunicação Corporativa na Era pós-digital e como essa explosão de conteúdos acabou marcando um divisor de águas em todo o composto da comunicação organizacional.

1.2 Tendências da comunicação corporativa no Brasil e no mundo

Para implementar uma comunicação integrada bem-sucedida, é importante definir uma estratégia clara, estabelecer diretrizes de comunicação, além de monitorar e ajustar continuamente a abordagem de acordo com os resultados e as mudanças no ambiente de negócios.

As tendências na comunicação integrada estão sempre evoluindo para acompanhar as mudanças na tecnologia, no comportamento do consumidor e no cenário de negócios.

Era pós-digital

Já estamos vivendo na Era pós-digital. Nos últimos cinco anos, ao pensarmos sobre posicionamento na *web*, as perguntas que mais fizeram foram essas: "O que essa marca propõe para a vida das pessoas? Quais são os seus valores? Como tornar essa experiência única e destacada em qualidade, no meio de milhares de marcas na internet? E, principalmente: Como vender mais e melhor?"

A resposta para essas perguntas só é possível com a junção de dois termos fundamentais: Marketing + Tecnologia, denominado Martech. Termo utilizado, principalmente, por *startups*, que está relacionado com o universo de *softwares* e ferramentas para otimizar estratégias ou campanhas de marketing. Em 2017, o buscador Google chegou a sua nova versão, que foi criada para reconhecer conteúdos de baixa qualidade e com muitos *banners* e *pop-ups* de propagandas, sendo que o conselho principal era seguir as primeiras recomendações em SEO. Já em 2020, o rankeamento no Google foi ganhando cada vez mais destaque, com o objetivo de que o Googlebot, motor de busca da organização, encontrasse a página por meio de links de alta qualidade e fosse indexando essas páginas no seu índice.

Em 2022, alguns novos aspectos ganharam destaque, como o poder dos conteúdos mais enxutos e em formato de vídeos, para ajudar nos resultados de posicionamento orgânico; um aumento de *featured snippets*, pequenos trechos que já respondem às perguntas dos usuários sem que eles precisem visitar uma página para isso; e a otimização de imagens e pesquisa por voz.

Já o universo dos anúncios pagos ganhou espaço, desde 2018, por conta da alta possibilidade de segmentação. O Google Shopping veio como uma ótima vitrine virtual nestes últimos anos. Quando você digita algum produto no Google, os anúncios do Google Shopping conquistam o topo do buscador, ficando acima dos links patrocinados e chamando muita atenção do usuário, aumentando as chances de conversão.

Nas mídias sociais, os anúncios patrocinados e monitoramento dos dados foram estratégias relevantes, nestes últimos 5 anos. Considerando o CPM — ou custo por mil impressões — dos anúncios em redes sociais, o valor médio no 2º trimestre de 2022 foi de US$ 8,45, um aumento de 9% considerando o valor médio do 1º trimestre de 2022, que foi de US$ 7,75.

A "estrela" principal, entre 2018 e 2020, que até hoje segue no topo do *ranking* é o Instagram, onde mais de 90% o consideram a rede mais relevante. Ao todo, 66% dos usuários de redes sociais, no Brasil, afirmam que o principal tipo de conta que seguem é de amigos, família ou outras pessoas que conhecem. Quando o assunto são negócios, 62% afirmaram ser o Facebook, seguido pelo Instagram com 49% e o LinkedIn com 40%.

O TikTok chegou ao Brasil e ganhou força nos últimos três anos. Considerando apenas o *download* de aplicativos de redes sociais no Brasil, o TikTok aparece em 1º lugar, seguido pelo Instagram, WhatsApp, Facebook e Telegram.

Os brasileiros também utilizam de maneira expressiva, o YouTube como plataforma para publicidade e que conta com 138 milhões de usuários, sendo o 4º país com maior número de usuários, atrás apenas da Índia, Estados Unidos e Indonésia.

A demanda por aplicativos conectados com redes sociais, para a criação de avatar no Brasil, cresceu em meio ao interesse em metaversos em 2021, particularmente, no 2º semestre do ano.

Em se tratando de potencial de público para veiculação de publicidade, no Brasil, o Twitter conta com 30 milhões de usuários, sendo o 5º país com maior número de usuários no mundo.

Diante de tamanha revolução e velocidade das mudanças no marketing digital, ficam as perguntas: Quais as principais ferramentas, hoje, para o profissional de marketing e vendas? O que um profissional de comunicação corporativa precisa saber para estar conectado com as urgências do mercado? Como desenvolver a comunicação interna no mundo pós-digital?

Aqui apresentamos um quadro de tendências e que fornecem uma visão ampla de diversos conteúdos que iremos percorrer ao longo deste livro.

Imagem 3: Tendências na comunicação corporativa

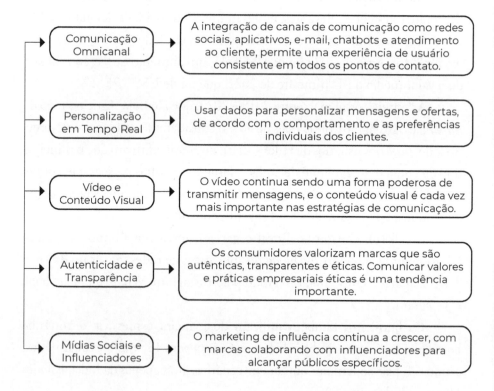

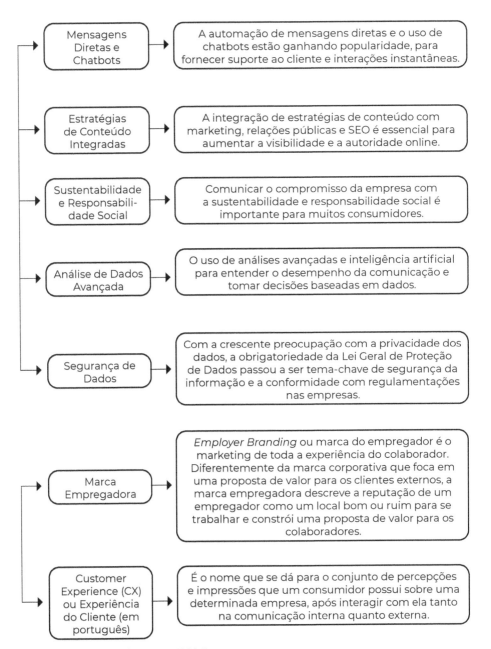

Fonte: elaborado pela autora (2024).

Essas tendências refletem a necessidade de se adaptar, constantemente, às mudanças no ambiente de negócios e nas preferências do público, com o intuito de criar estratégias de comunicação eficazes e integradas.

1.3 *Mindset* geracional e a comunicação

Ao todo, 80% dos líderes têm dificuldade de comandar equipes multigeracionais, segundo a pesquisa feita pela Sputnik. O *"mindset* geracional" se refere às crenças, valores e características comuns que, geralmente, são compartilhadas por pessoas de uma mesma geração, devido às experiências e eventos que viveram durante sua formação.

Compreender o *mindset* geracional é fundamental para uma comunicação eficaz, pois diferentes gerações podem ter preferências de comunicação distintas. Aqui estão algumas considerações importantes:

- Cada geração pode ter uma abordagem diferente em relação à tecnologia, estilo de comunicação e valores. Por exemplo, a Geração Baby *Boomer* pode preferir a comunicação face a face, enquanto a Geração Z pode estar mais inclinada a utilizar mensagens de texto ou mídias sociais.

- Cada geração possui suas próprias características e influências que moldarão suas atitudes, valores e comportamentos.

Aqui estão algumas características gerais de algumas das principais gerações:

Imagem 4 – Diferentes gerações e seus interesses

Baby Boomers (nascidos entre meados dos anos 1940 e meados dos anos 1960):
- Enfoque no trabalho e no sucesso profissional.
- Lealdade às organizações onde trabalham.
- Introduziram mudanças sociais significativas nos anos 1960 e 1970.

Geração X (nascidos entre meados dos anos 1960 e início dos anos 1980):
- Ceticismo em relação às instituições.
- Preocupação com equilíbrio entre trabalho e vida pessoal.
- Adoção das primeiras tecnologias digitais.

Millennials (também conhecidos como Geração Y, nascidos entre meados dos anos 1980 e meados dos anos 1990):
- Diversidade e inclusão são valores importantes.
- Digitalmente nativos, com forte uso de mídias sociais.
- Buscam propósito no trabalho e têm tendência ao empreendedorismo.

Geração Z (nascidos a partir de meados dos anos 1990 até meados dos anos 2010):
- Cresceram em um ambiente altamente tecnológico.
- Têm expectativas de personalização e instantaneidade.
- Valorizam a autenticidade e são ativos nas mídias sociais.

Geração Alpha (nascidos a partir de meados dos anos 2010):
- Ainda muito jovens para se definirem completamente.
- Crescem em um mundo altamente tecnológico e conectado.
- Tendem a ter acesso precoce a dispositivos digitais.

Fonte: elaborado pela autora (2024).

É importante ressaltar que essas são características gerais e que cada indivíduo é único, podendo não se enquadrar estritamente nas características de sua geração. Além disso, as influências culturais, econômicas e sociais podem variar em diferentes partes do mundo, afetando a forma como cada geração se desenvolve e se comporta.

É importante também adaptar a mensagem e o tom de comunicação, de acordo com a geração com a qual você está interagindo. Isso pode envolver a escolha dos canais de comunicação apropriados e o uso de linguagem que ressoe com aquela geração específica.

Uma abordagem única não serve para todas as gerações. Ser flexível e disposto a se adaptar às preferências de comunicação de diferentes grupos etários é essencial para alcançar eficácia na comunicação. As gerações mais antigas, como os Baby *Boomers*, muitas vezes, valorizam a experiência e a sabedoria. Reconhecer essa experiência e demonstrar respeito por ela, na comunicação, pode ser fundamental.

Gerações mais jovens, como a Geração Z e os *Millennials*, estão mais acostumadas com a tecnologia. Portanto, o uso de aplicativos, mídias sociais e comunicação digital podem ser mais eficazes para atingir essas gerações. Comunicar valores da empresa, como responsabilidade social, sustentabilidade e diversidade, pode ressoar de maneira diferente em distintas gerações. Alinhar a mensagem com os valores predominantes de cada geração é importante.

Estar aberto ao *feedback* das diferentes gerações pode ajudar a ajustar a estratégia de comunicação para melhor atender às suas necessidades e expectativas. Considerar o *mindset* geracional na comunicação é crucial para garantir que sua mensagem seja bem recebida por todas as gerações com as quais você interage. Isso requer uma abordagem flexível e adaptável, sempre previamente ao momento de fazer o planejamento estratégico da Comunicação Integrada e que leve em conta as preferências e as características únicas de cada *mindset*.

1.4 A nova visão de persona nas organizações

Ao analisarmos o contexto de uma determinada organização, com foco no público-alvo, acabamos por nos deparar com uma série de questionamentos:

- **Qual a idade?**
- **Qual a localização geográfica?**
- **Qual o gênero?**

Para entender essa visão de público-alvo, precisamos voltar em Philip Kotler um dos principais autores de marketing, pois é importante compreender o grupo de consumidores, para quem a marca direciona suas estratégias e campanhas, a fim de atender suas necessidades e desejos e tornar seus esforços de marketing mais eficientes.

Público-alvo é a definição de um segmento de mercado com características em comum e ajuda a:

- Influenciar os consumidores;
- Gerar conteúdo direcionado;
- Fortalecer a marca de maneira assertiva.

Assim como o público-alvo, a persona também é uma ferramenta estratégica de marketing, que ajuda a olhar para o contexto e especificar com quem a marca deve se comunicar. Entretanto, a persona traz uma visão mais aprofundada e detalhada sobre seus hábitos, gostos, interesses, dores e necessidades. A persona é justamente um personagem fictício que busca representar, da forma mais fiel possível, quem é o cliente ideal, seus principais desejos, valores e fundamentos. E onde é possível utilizar o público-alvo? No posicionamento de mercado, para definir o que vai diferenciar aquela marca na cabeça dos clientes. E a persona? Em ações voltadas para o marketing de conteúdo e, principalmente, em tudo o que envolve interação com o público.

Um erro comum das equipes de marketing e comunicação é basear a sua pesquisa de personas em simples percepções. Por isso, compreender o tipo de *mindset* e as gerações predominantes é tão essencial para construir um planejamento com base em dados.

Hoje as novas tecnologias permitem elaborar, montar e compartilhar avatares de diversas personas com ajuda da Inteligência Artificial (IA). Para construir suas personas, basta responder perguntas como:

- Quais são os seus principais objetivos, desejos, ambições, medos e desafios?
- Quais assuntos mais se interessam?
- Quais são as suas principais fontes de informação?

Vale ressaltar que, ao escolher um gerador de personas, existem critérios importantes a serem levados em consideração, para que a pesquisa seja realizada de maneira confiável e eficaz.

Prós a serem levados em consideração:

- Facilidade de uso;
- Perguntas personalizáveis;
- Interface amigável;
- Preço conveniente;
- Design responsivo.

Contras a serem levados em consideração:

- Poucas opções gráficas sobre as personas;
- Falta de vários formatos editáveis;
- Incapacidade de fazer *upload* de imagens externas;
- Taxas de uso altas.

Até aqui entendemos a importância de conhecer em maior profundidade quem são as pessoas que precisamos nos comunicar. Entretanto, a comunicação integrada deve ser feita de maneira bidirecional, isto é, onde existe espaço de escuta. Vamos compreender melhor sobre a escuta ativa na comunicação organizacional e como é estratégica em todos os níveis hierárquicos.

Escutar a "persona" certa

A comunicação carrega as contradições entre os discursos produzidos na esfera administrativa, na esfera dos relacionamentos pessoais e afetivos e naqueles não reconhecidos pela organização, como os que ocorrem no cafezinho e no corredor.

Esses discursos podem ser reproduzidos de maneira formal ou informal. A comunicação formal se constitui dos processos intencionais, planejados e estruturados a partir dos objetivos, princípios e interesses da organização materializados em ações comunicacionais.

Refere-se à comunicação "autorizada", com estrutura formal, como o setor de comunicação e marketing, por exemplo, responsável pela divulgação de informações e pela promoção de relacionamentos no âmbito interno e com a sociedade.

Já a comunicação informal considera as manifestações espontâneas que ocorrem independentemente da estrutura formal. A partir do momento em que os funcionários são escutados, consequentemente eles vão estar alinhados e mais comprometidos com a visão geral de toda a empresa.

Apesar de estarmos falando da comunicação organizacional na Era Tech, alguns estudos observam que, nos últimos anos, as filosofias gerenciais em geral e as de aproximação com os funcionários chegaram, basicamente, à mesma conclusão: os líderes precisam sair de trás de suas mesas, desligar seus celulares, afastar-se de seus computadores e conhecer o pessoal que está trabalhando para eles. Claro que vivemos na Era do trabalho híbrido ou até mesmo 100% remoto e temos que adaptar isso para as diferentes realidades.

Independente do formato, seja presencial ou não, o líder quer sua equipe motivada e engajada, certo?

E uma equipe motivada é formada por colaboradores que sentem que sua opinião é valiosa no contexto organizacional. A maioria das causas dos problemas na comunicação surge do fato de que as pessoas não se dão conta de que o escutar difere do falar, e que existe também uma diferença entre escutar e ouvir, pois o primeiro implica compreensão, interpretação, enquanto o segundo é uma função biológica.

Certa vez uma empresa do ramo de viagens estava com muita dificuldade em fechar a meta de vendas do mês. A empresa contava com uma equipe robusta de *call center*, com sistema de *e-commerce* integrado e inovador, metodologias modernas de gestão e uma equipe dedicada para acompanhar os números e performance dos colaboradores. Eles elaboraram um plano para que as vendas melhorassem, lançando uma campanha de premiações para os melhores vendedores.

Foi uma campanha bem completa com a comunicação segmentada, ativação de material promocional nas televisões corporativas, *cards* direcionados para o time, lembretes, reuniões de alinhamento e motivação com a liderança e todas as estratégias bem "amarradas" para que a campanha fosse um sucesso.

Passou o primeiro dia de campanha e os resultados seguiram baixos. No segundo dia, o mesmo resultado. Até que um dos membros da equipe de comunicação interna teve a iniciativa de conferir se a campanha estava rodando como deveria e fazer um alinhamento com as lideranças do setor para novas iniciativas. Ao passar pelas cabines do setor de *call center* esse membro percebeu que a equipe estava ciente da campanha, porém muito ociosa. Isso foi o suficiente para gerar uma conversa "informal", que acabou dando abertura para informações preciosas do que estava acontecendo de fato. Na verdade, o sistema automatizado de envio de leads, isto é, de contatos para prospecção, estava com uma função desativada e a equipe só estava com os contatos antigos.

Isso estava deixando o time desmotivado e ao mesmo tempo a informação desse problema no sistema não havia chegado a quem poderia resolver a configuração. Esse é um exemplo clássico de como podemos ter as melhores tecnologias, mas sem o fator humano e espaço de segurança e acolhimento para o colaborador se manifestar, a falta de resultado vai ser uma constante nas organizações.

A pesquisadora de comunicação integrada, Isabella Pimentel, em seu livro *Ouvi dizer* ressalta, justamente, o quanto os boatos organizacionais e a falta de informação clara são prejudiciais. E, em muitos casos, não causam só "falta de comunicação", mas sim mostram a "ponta do iceberg" de processos de comunicação que não dialogam com a vida real das pessoas nas organizações, tal como exemplo dessa empresa do ramo de viagens.

Diferentes setores e estratégias segmentadas

Ao pensar na comunicação organizacional, em nosso público-alvo e personas, também vale a pesquisa de como se comporta os diferentes setores de uma organização e como é a cultura daquele ambiente.

1.5 Integrar a visão do fluxo da comunicação

Construir a comunicação organizacional é como liderar uma grande orquestra: são diversas melodias, notas, instrumentos musicais, inúmeros artistas, e tudo deve fluir de maneira harmônica e equilibrada, inclusive, nos momentos de erro ou inconvenientes.

Ao enxergar todo o desafio com essa missão de orquestrar, temos que ter em mente os diferentes fluxos de comunicação que permeiam as organizações. Isso ajudará a identificar oportunidades de melhoria, como a implementação de novos canais de comunicação ou a alteração da frequência da comunicação, que pode ser utilizada para treinar os colaboradores sobre como se comunicar, de forma eficaz, para avaliar o desempenho da comunicação, identificando áreas que precisam de melhorias.

1.6 O poder da "informalidade" na comunicação

A comunicação carrega as contradições entre os discursos produzidos na esfera administrativa e institucional, na esfera dos relacionamentos pessoais e afetivos, e naqueles não reconhecidos pela organização, como os que ocorrem no cafezinho e no corredor. Hoje temos outros tipos de "corredor": grupos no WhatsApp e comentários nas diversas redes sociais corporativas.

Esses discursos podem ser reproduzidos de maneira formal ou informal. A comunicação formal se constitui dos processos intencionais, planejados e estruturados a partir dos objetivos, princípios e interesses da organização, materializados em ações comunicacionais. Refere-se à comunicação autorizada, com estrutura formal — setor de comunicação — responsável pela divulgação de informações e pela promoção de relacionamentos no âmbito interno e com a sociedade. Já a comunicação informal considera as manifestações espontâneas que ocorrem independentemente da estrutura formal.

Imagem 5 – Dicas de fluxo de comunicação

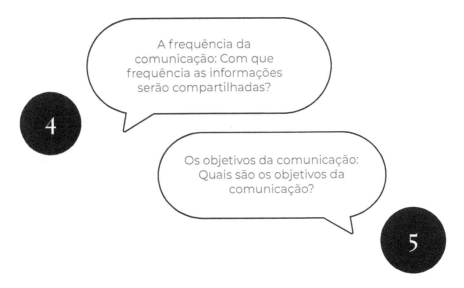

Fonte: elaborado pela autora (2024).

É importante frisar que para definir os fluxos de uma determinada organização não é obrigatório seguir uma receita de bolo. Entretanto, é primordial que o fluxo seja atualizado regularmente para refletir as mudanças organizacionais e novas adaptações.

1.7 Os pilares da comunicação organizacional

Os pilares da comunicação organizacional são os fundamentos que sustentam a prática eficaz de comunicação em uma organização. Eles são essenciais para o desenvolvimento de relacionamentos com públicos-alvo, a construção de uma reputação positiva e o alcance de objetivos organizacionais.

Os quatro pilares da comunicação organizacional são:

- **Planejamento**: é fundamental para qualquer comunicação eficaz. É importante definir objetivos claros, identificar públicos-alvo e desenvolver estratégias e mensagens adequadas.
- **Execução**: é o processo de colocar o plano em ação. Isso envolve a seleção de canais e ferramentas de comunicação, a criação de conteúdo e a disseminação da mensagem.

- **Avaliação**: é o processo de medir o impacto da comunicação. Isso ajuda a identificar o que funcionou e o que não funcionou, para que as organizações possam melhorar seus esforços de comunicação no futuro.

- **Transparência**: é a base de todas as relações de confiança. As organizações devem ser abertas e honestas com seus públicos-alvo, mesmo quando as notícias não são boas.

Além desses quatro pilares, é importante ter em mente que durante o processo de construção do planejamento da comunicação organizacional integrada, é essencial ter atenção em ferramentas de tecnologia em comunicação e em quais recursos serão usados para criar e distribuir a mensagem. As ferramentas podem incluir *software*, *hardware* e serviços.

O conteúdo deve ser relevante, interessante e útil para os públicos-alvo. E de nada adianta um conteúdo rico, sem um plano tático de entrega desse material ao público em questão. A disseminação pode ser feita por meio de canais tradicionais, como imprensa e televisão, ou digitais, como mídias sociais, aplicativos e e-mail.

Transparência é a base

A transparência é a base de todas as relações de confiança. As organizações devem ser abertas e honestas com seus públicos-alvo, mesmo quando as notícias não são boas, e isso acaba por gerar confiança, melhorar a reputação e até mesmo prevenir crises.

Os pilares da comunicação organizacional são essenciais para o desenvolvimento de relacionamentos com os públicos-alvo, a construção de uma reputação positiva e o alcance de objetivos organizacionais. Ao seguir esses pilares, as organizações podem melhorar seus esforços de comunicação e alcançar seus objetivos de negócios. Essa premissa é fundamental, pois cada vez que trabalhamos com um tipo de comunicação (interna e administrativa, mercadológica ou institucional) nos deparamos com a necessidade de estabelecer critérios e fundamentar a construção de todo o ecossistema de comunicação que será desenvolvido.

1.8 O avanço da tecnologia e a comunicação

Nos últimos anos, a tecnologia avançou a um ritmo acelerado, em áreas como inteligência artificial, computação quântica, impressão 3D, robótica e realidade virtual. Podemos destacar a inteligência artificial (IA) como uma das áreas tecnológicas que mais avançou nos últimos anos. A IA está sendo usada em uma ampla gama de aplicações, incluindo reconhecimento facial, processamento de linguagem natural, diagnóstico médico e veículos autônomos.

A computação quântica é uma nova tecnologia que promete revolucionar o processamento de informações. Os computadores quânticos são capazes de realizar cálculos muito mais complexos do que os computadores tradicionais.

Já a impressão 3D é uma tecnologia que permite criar objetos sólidos a partir de um modelo digital. A impressão 3D está sendo usada em uma ampla gama de aplicações, incluindo fabricação, medicina e arte.

A robótica é uma área tecnológica que se concentra no desenvolvimento de máquinas inteligentes, que podem realizar tarefas de forma autônoma. Os robôs estão sendo usados em uma ampla gama de aplicações, incluindo manufatura, logística e atendimento ao cliente.

A realidade virtual (RV) é uma tecnologia que permite aos usuários experimentar um ambiente simulado. A RV está sendo usada em uma ampla gama de aplicações, incluindo entretenimento, educação e treinamento.

Outros avanços tecnológicos

Além desses avanços, nos últimos anos tivemos progressos significativos em outras áreas tecnológicas, como a Internet das Coisas (IoT), isto é, uma rede de dispositivos físicos conectados à internet. A IoT está sendo usada para conectar e monitorar objetos no mundo real. A cibersegurança que é a proteção de sistemas, redes e dados contra ataques cibernéticos. A cibersegurança é uma preocupação crescente à medida que a tecnologia se torna mais complexa e interconectada. E claro, a cultura digital que surgiu com o desenvolvimento da tecnologia digital. A cultura digital está influenciando a forma como as pessoas vivem, trabalham e se relacionam.

E quais são os impactos dessa mudança em nosso cotidiano?

Os avanços tecnológicos estão tendo um impacto significativo na sociedade. Eles estão mudando a forma como as pessoas trabalham, se comunicam, se divertem e aprendem. Também estão criando novos desafios, em termos como a "desigualdade digital" e os riscos de segurança cibernética. É importante que a sociedade se prepare para esses desafios e encontre formas de garantir que os benefícios dos avanços tecnológicos sejam compartilhados por todos.

Ao disponibilizar tantos dados e facilidade de informação, em tempo real, vem um questionamento: como ter segurança em um volume gigantesco de conteúdos? Em quem acreditar? Para resguardar e ajudar a responder essas e tantas outras questões, precisamos entender que estamos no contexto de busca contínua pelo que se denomina Segurança da Informação ou o que podemos consumir.

De acordo com um estudo da empresa de segurança cibernética, IBM, o custo médio de uma violação de dados para uma empresa é de US$ 3,92 milhões. Esse gasto inclui custos diretos, como pagamentos de resgate; custos indiretos, como gastos com limpeza e restauração de dados; e custos de reputação, como perda de clientes e parceiros.

O estudo também constatou que os setores mais afetados por violações de dados são o setor financeiro, o de saúde e o de serviços. Esses setores são frequentemente alvos de ataques cibernéticos, porque armazenam dados confidenciais, como informações financeiras, informações de saúde e informações pessoais. Aqui estão alguns exemplos de prejuízos em empresas por problemas de segurança da informação:

- Em 2022, a empresa de saúde Anthem foi alvo de um ataque cibernético, que resultou no roubo de dados pessoais de mais de 79 milhões de pessoas. O custo total do ataque para a Anthem foi estimado em US$ 1,6 bilhões.
- Em 2021, a empresa de varejo Target foi alvo de um ataque cibernético, que resultou no roubo de dados dos cartões de crédito de mais de 40 milhões de clientes. O custo total do ataque para a Target foi estimado em US$ 250 milhões.
- Em 2020, a empresa de mídia Equifax foi alvo de um ataque cibernético, que resultou no roubo de dados pessoais de mais de 147 milhões de pessoas. O custo total do ataque para a Equifax foi estimado em US$ 700 milhões.

Esses dados mostram que os prejuízos em empresas por problemas de segurança da informação podem ser significativos. É importante ressaltar que as empresas devem estar sempre em dia com medidas de segurança da informação, para proteger seus dados e reduzir o risco de ataques cibernéticos.

Imagem 6 – Dicas sobre segurança da informação

Dicas para as empresas reduzirem os prejuízos por problemas de segurança da informação:

1 Implementar políticas e procedimentos de segurança da informação. Essas políticas e procedimentos devem ser claras e concisas e devem ser comunicadas aos funcionários;

2 Investir em tecnologia de segurança da informação. Essa tecnologia pode ajudar a proteger as informações da empresa contra acesso, uso, divulgação, alteração ou destruição não autorizados;

3 Educar os funcionários sobre segurança da informação. Os funcionários devem ser treinados sobre as ameaças à segurança da informação e as melhores práticas para se protegerem;

4 Ter um plano de resposta a incidentes. Esse plano deve definir como a empresa irá responder a um incidente de segurança da informação.

Lembre-se: o que você posta na internet ficará lá para sempre.

Fique seguro online!

Dicas Segurança da Informação
Livro: Comunicação Organizacional na Era Tech

Fonte: elaborado pela autora (2024).

A comunicação social e a segurança da informação são dois conceitos muito relacionados. A comunicação social é o processo de transmissão de informações entre indivíduos ou grupos, enquanto a segurança da informação é a proteção das informações contra acesso, uso, divulgação, alteração ou destruição de dados não autorizados.

No contexto da segurança da informação, a comunicação social é essencial para:

- Educar os usuários sobre as ameaças à segurança da informação e as melhores práticas para se protegerem. Isso inclui conscientização sobre *phishing*, *malware* e outros tipos de ataques cibernéticos;
- Comunicar incidentes de segurança da informação aos usuários afetados. Isso é importante para minimizar o impacto de um ataque e permitir que os usuários tomem medidas para proteger suas informações;
- Gerenciar riscos de segurança da informação. Isso pode incluir a comunicação de políticas e procedimentos de segurança aos usuários, bem como a coleta de *feedback* sobre a eficácia dessas medidas.

A comunicação social eficaz pode ajudar a aumentar a conscientização sobre a segurança da informação e reduzir o risco de ataques cibernéticos. Vamos entender, na prática, como isso ocorre:

- Campanhas de conscientização podem ser usadas para educar os usuários sobre as ameaças à segurança da informação e as melhores práticas para se protegerem. Essas campanhas podem ser realizadas por meio de canais de comunicação social, como e-mail, intranet e diversas mídias sociais;
- Quando ocorre um incidente de segurança da informação, é importante comunicar isso aos usuários afetados o mais rápido possível;
- Políticas e procedimentos de segurança da informação devem ser comunicados aos usuários de forma clara e concisa;
- Coleta de *feedback*: é importante coletar *feedback* dos usuários sobre as medidas de segurança da informação. Isso pode ajudar a identificar áreas onde as medidas podem ser melhoradas.

O mais importante aqui é termos consciência que a comunicação social é uma ferramenta essencial para a segurança da informação. Ao comunicar-se de forma eficaz com os usuários, as organizações podem ajudar a proteger suas informações contra acesso, uso, divulgação, alteração ou destruição não autorizados. Falaremos mais sobre Governança, *Compliance* e Comunicação Social em um dos capítulos deste livro para aprofundar sobre o assunto.

1.9 Redes sociais e proteção de dados

As redes sociais são um ambiente virtual onde as pessoas compartilham informações pessoais e profissionais, o que torna esse ambiente um alvo potencial em evidência para muitos ataques cibernéticos. Elas são um ambiente complexo, com uma grande quantidade de dados e informações sensíveis. É importante que as plataformas de redes sociais implementem medidas de segurança robustas para proteger esses dados e informações.

Os usuários das redes sociais também precisam adotar comportamentos seguros para proteger suas informações pessoais. Isso inclui o não compartilhamento de senhas, informações financeiras ou dados pessoais confidenciais. Alguns dos principais riscos de segurança associados às redes sociais incluem:

- **Phishing**: é um ataque cibernético que visa enganar as vítimas para que compartilhem informações pessoais ou confidenciais. Os criminosos cibernéticos podem usar as redes sociais para enviar e-mails ou mensagens falsas, que parecem ser de fontes legítimas, como bancos ou empresas.

- **Ciberbullying**: é o uso da internet para assediar, intimidar ou ameaçar uma pessoa ou grupo de pessoas. As redes sociais podem ser usadas para espalhar boatos, fotos ou vídeos humilhantes ou para ameaçar a segurança de alguém.

- **Fraude**: os criminosos cibernéticos podem usar as redes sociais para coletar informações pessoais para cometer fraudes, como roubo de identidade ou compras *online* fraudulentas.

Entre as boas práticas utilizadas hoje nas organizações para fazer a gestão do uso das redes sociais pelos colaboradores e até mesmo prestadores de serviços, estão:

- Usar senhas fortes e únicas para cada conta.
- Ativar a autenticação de dois fatores, sempre que possível.
- Proibir o compartilhamento de informações pessoais confidenciais como senhas, números de cartão de crédito ou informações de saúde.
- Estar atento às mensagens ou e-mails suspeitos.
- Reportar qualquer atividade suspeita às plataformas de redes sociais ou às autoridades.

A segurança da informação é uma responsabilidade compartilhada entre as plataformas de redes sociais e os usuários. Ao adotar medidas de segurança adequadas, tanto as plataformas quanto os usuários podem ajudar a proteger seus dados e informações pessoais.

1.10 Lei Geral de Proteção de Dados

Sem dúvida, uma das grandes mudanças na Gestão da Comunicação nas Organizações, foi justamente a Lei Geral de Proteção de Dados (LGPD), uma legislação brasileira que regulamenta o tratamento de dados pessoais por pessoas naturais e jurídicas. A lei entrou em vigor em agosto de 2020 e traz diversos impactos para o setor de comunicação.

A relação entre LGPD e comunicação pode ser descrita em dois aspectos principais:

- **Aspecto regulatório**: a LGPD estabelece uma série de regras e princípios que devem ser observados pelas organizações que tratam dados pessoais. Essas regras incluem a necessidade de consentimento do titular dos dados, a transparência no tratamento de dados e a segurança dos dados pessoais;
- **Aspecto prático**: a LGPD impacta o dia a dia das organizações que trabalham com comunicação. Por exemplo, elas precisam garantir que os dados pessoais coletados, de seus clientes ou parceiros, sejam tratados de forma legal e segura.

As organizações precisam ser mais transparentes sobre como coletam e utilizam dados pessoais. Isso inclui comunicar aos titulares dos dados quais informações estão sendo coletadas, para qual finalidade e por quanto tempo serão armazenadas, e, assim, terem o consentimento dos titulares dos dados para coletar e utilizar suas informações pessoais. O consentimento deve ser livre, informado e inequívoco.

Para se adequar à LGPD, as organizações que trabalham com comunicação precisam implementar uma série de medidas, incluindo:

- Revisão dos processos de coleta e utilização de dados pessoais.
- Implementação de medidas de segurança para proteger os dados pessoais.
- Educação dos colaboradores sobre a LGPD.

A LGPD é uma legislação complexa, mas é importante que as organizações que trabalham com comunicação se adequem à lei para garantir a proteção dos dados pessoais de seus clientes e parceiros. Aqui estão algumas dicas para as organizações que trabalham com comunicação se adequarem à LGPD:

- Criar um comitê de privacidade para coordenar as ações de adequação à LGPD.
- Realizar um diagnóstico dos processos de coleta e utilização de dados pessoais.
- Implementar medidas de segurança para proteger os dados pessoais.
- Atualizar os contratos e políticas de privacidade da organização.
- Educação continuada dos colaboradores sobre a LGPD.

A adequação à LGPD é um processo contínuo, que requer a atenção constante das organizações.

1.11 Influência da Era Tech no mundo pós-digital

Ao nos depararmos com tantas mudanças no contexto tecnológico e de mentalidade de cada uma das gerações, resta aos diversos times que trabalham na comunicação organizacional buscarem se adaptar e serem flexíveis para acompanharem a rapidez do mundo pós-digital.

O mundo pós-digital é um universo no qual a tecnologia digital está tão integrada à vida cotidiana que é quase imperceptível. A internet, a inteligência artificial, a realidade virtual e a realidade aumentada são tão comuns que não são mais vistas como algo novo ou revolucionário. Nesse mundo, as pessoas interagem com a tecnologia de forma natural e intuitiva. Elas usam dispositivos inteligentes para realizar tarefas cotidianas, como trabalhar, estudar, se comunicar e se divertir. A tecnologia também está sendo usada para melhorar a saúde, a educação e a qualidade de vida.

A Comunicação Interna e Administrativa ganhou novos aliados como aplicativos e *softwares* na gestão de comunicados, na forma de criar interação entre os funcionários e até mesmo novas denominações, tais como "experiência do colaborador" como parte da cultura de inovação e da mudança. O endomarketing começou a ganhar espaço e as instituições precisaram repensar como poderiam "vender ideias" internamente.

A Comunicação Mercadológica passou por uma transformação com o crescimento do *e-commerce* e automação em vendas por diversos canais. O marketing tradicional se transformou com a presença dos *influencers* digitais. O uso de avatares, a forma de se vender e de construção de *branding* passaram a depender de um conjunto de estratégias interconectadas às diversas formas de comunicação, tanto interna quanto externa.

A Comunicação Institucional ganhou mais força com as causas relacionadas com a sustentabilidade, e a reputação corporativa passou a ser medida também pelos *employers* (empregados), que com sua presença nas diversas redes sociais, passaram a ter holofotes e espaço para fala sobre o ambiente de trabalho que atuam ou atuaram, seja com erros ou acertos cometidos pelas empresas.

O mundo pós-digital ainda está em desenvolvimento, mas já é possível ver como a tecnologia está transformando a nossa forma de viver. À medida que a tecnologia continua a evoluir, esse novo cenário se tornará ainda mais complexo e interconectado. Esse universo pós-digital apresenta uma série de vantagens, tanto para indivíduos quanto para a sociedade como um todo. Algumas das principais vantagens incluem a tecnologia que pode ajudar as pessoas a serem mais produtivas e eficientes em suas tarefas. Por exemplo, os *softwares* de produtividade podem ajudar as pessoas a organizarem seu trabalho, os aplicativos de automação podem ajudar as pessoas a automatizarem tarefas repetitivas e os dispositivos inteligentes podem ajudar as pessoas a se conectarem.

As novas tecnologias estão sendo desenvolvidas constantemente, o que pode levar a novos produtos, serviços e soluções para problemas complexos e até mesmo a melhorar a qualidade de vida, educação e entretenimento. Por outro lado, essa facilidade também tem se tornado dependência e criou uma série de dúvidas sobre como equilibrar a relação homem-máquina e qual é o limite para que essa dependência tecnológica não seja um propulsor de pessoas menos autônomas e criativas. Apesar desses desafios, o mundo pós-digital apresenta um grande potencial para melhorar a vida das pessoas. À medida que a tecnologia continua a evoluir, é provável que vejamos ainda mais benefícios do mundo pós-digital.

A proposta dos seguintes capítulos é percorrer cada um desses três quadrantes da comunicação integrada e como a Era Tech influenciou na forma de fazer todo esse ecossistema se tornar mais dinâmico e fundamental para o gerenciamento da comunicação organizacional.

CAPÍTULO 2

COMUNICAÇÃO INTERNA E ENDOMARKETING TECH

Entre os vários *stakeholders* de uma organização, destaca-se o colaborador, no papel fundamental de conservar os relacionamentos da empresa. Diante disso, a Comunicação Interna (CI) apresenta-se como função primordial nas instituições para reforçar a própria marca da empresa, os valores e as crenças.

A CI significa adotar o melhor caminho para envolver as equipes nos objetivos negociais da organização, traduzindo-se no conjunto de ações que a organização coordena com o objetivo de ouvir, informar, mobilizar, educar e manter coesão interna, em torno de valores que precisam ser reconhecidos e compartilhados por todos, e que podem contribuir para a construção de boa imagem institucional para todos os públicos. A comunicação interna está presente em todos os setores, em todas as relações, em todos os fluxos de informação e em todos os processos. É consenso que uma boa compreensão e um bom uso da comunicação são capazes de qualificar práticas gerenciais, melhorar o desempenho operacional, promover mudanças significativas nas múltiplas relações da empresa com os seus diversos públicos, e agregar valor à organização.

Infelizmente, mesmo com grande importância dentro das organizações, a comunicação, em muitos casos, não é utilizada de forma adequada, isto é, ela é geralmente usada, apenas, como mero instrumento de poder.

Entretanto, as novas gerações levam para o ambiente corporativo formas diferentes de se relacionar e já não aceitam mais o que é controlado e o que não é dialogado.

A comunicação interna do século XXI envolve mais do que memorandos, políticas corporativas, publicações e as respectivas transmissões; envolve desenvolver uma cultura corporativa e ter o potencial de motivar a transformação organizacional. Isso é possível se a alta gestão da empresa estiver disposta a derrubar algumas barreiras que impedem a CI de fluir de maneira eficaz. São elas:

- Falta de adequação e uso estratégico de canais múltiplos;
- As mensagens não são adaptadas aos públicos;
- Gestores acham que fazer comunicação é igual a disseminar informação;
- Falta informação relevante e há excesso de informação irrelevante em circulação;
- Falta de experiências que envolvam o colaborador do início ao fim da jornada dele na organização;
- Desorganização nos fluxos de demandas de comunicação.

Por outro lado, a comunicação eficaz engloba o relacionamento com estruturas, padrões, fluxos de informação e processos de interação, motivação, influência e credibilidade. A falta de políticas, diretrizes e estratégias de comunicação impedem que esta se transforme em um instrumento de qualificação dos processos e da identidade organizacional.

O objetivo da Comunicação Interna é fazer de cada colaborador um aliado na formação da imagem positiva da empresa. Por exemplo, os funcionários esperam que, quando suas opiniões são solicitadas e quando se empenham em dar um retorno, a gerência os escute e saia para atendê-los. Sem dúvida, a comunicação interna, impulsionando a lealdade e a produtividade da força do trabalho, continuará a desempenhar um papel central na manutenção de funcionários e no sucesso geral da organização.

2.1 Comunicação organizacional e seus discursos

A comunicação no interior das organizações geralmente se opera por meio de quatro fluxos: fluxo ascendente, descendente, horizontal e, com o advento de tecnologias como o e-mail, a intranet e aplicativos, o fluxo transversal.

O fluxo ascendente se caracteriza pelas informações, geralmente sugestões, críticas e apelos, oriundas dos funcionários e dirigidas à direção. As seções de cartas, as colaborações existentes em quase todos os jornais de empresa e, particularmente, naquele por nós analisado, caracterizam esse fluxo.

No fluxo descendente, as informações se originam dos altos escalões e são transmitidas ao quadro de funcionários, por meio de inúmeros canais.

O terceiro fluxo é aquele que move a organização no seu dia a dia, através da comunicação entre pares e entre setores, situando-se quase sempre no campo informal e, por isso, sendo chamado de horizontal ou lateral.

Já o fluxo transversal teria o poder de subverter as hierarquias ao permitir a transmissão de mensagens entre funcionários de diferentes setores e/ou departamentos, mesmo entre níveis hierárquicos diferentes, sobretudo no contexto de projetos e programas interdepartamentais.

A comunicação carrega as contradições entre os discursos produzidos na esfera administrativa, na esfera dos relacionamentos pessoais e afetivos e naqueles não reconhecidos pela organização, como os que ocorrem no cafezinho e no corredor. Esses discursos podem ser reproduzidos de maneira formal ou informal.

A comunicação formal se constitui dos processos intencionais, planejados e estruturados a partir dos objetivos, princípios e interesses da organização, materializados em ações comunicacionais. Refere-se à comunicação autorizada, com estrutura formal — setor de comunicação — responsável pela divulgação de informações e pela promoção de relacionamentos no âmbito interno e com a sociedade. Veja a seguir alguns exemplos de como a comunicação interna pode ser estruturada e distribuída em uma organização, de acordo com Brum:

COMUNICAÇÃO ORGANIZACIONAL NA ERA TECH

Grupo 1 – Informações Institucionais: inclui histórico, missão, visão, valores, princípios, objetivos globais, crenças, atuação do presidente etc.;

Grupo 2 – Informações de Recursos Humanos: reúne dados sobre a vida das pessoas na empresa como benefícios, incentivos, programas de treinamento e desenvolvimento, política salarial, dissídios, negociações etc.;

Grupo 3 – Informações de Mercado/Produto: o que uma empresa produz e/ou vende, em que mercado atua, técnicas de produção, técnicas e estratégias de vendas, metas, recordes etc.;

Grupo 4 – Informações sobre Programas Internos: contempla os programas e projetos desenvolvidos internamente, que contam com a participação dos empregados;

Grupo 5 – Informações do dia a dia: engloba tudo sobre o funcionamento operacional da empresa, fatos e acontecimentos do dia a dia, atuação das áreas, das lideranças e dos empregados etc.

Já a comunicação informal considera as manifestações espontâneas que ocorrem independentemente da estrutura formal. A partir do momento em que os funcionários são escutados, consequentemente eles vão estar alinhados e mais comprometidos com a visão geral de toda a empresa. O profissional de comunicação tem aí um papel relevante, pois somente com o convencimento da gerência, por parte deste profissional, é que a CI passa a ser mais valorizada nas organizações.

Somente em um clima favorável, com abertura, é possível gerar novas ideias, fomentando novas descobertas, estruturas e dimensões sociais. Os cenários de mudança são muitos e por entender que o que quebra uma empresa não é propriamente a mudança, mas a incapacidade de as pessoas se adequarem a ela, muitos empresários estão preocupados em estabelecer um clima organizacional favorável, em que os funcionários os ajudem a fazer o que precisa ser feito para se adaptar e sobreviver. Diante desta realidade de mudanças, algumas empresas desenvolvem determinados programas para reorganizar a sua comunicação interna, o que caracteriza uma atividade de endomarketing.

O marketing envolve os 4 Ps do marketing mix: *product* (produto), *price* (preço), *place* (ponto, praça), *promotion* (promoção, comunicação). Falaremos sobre o marketing, em profundidade, na quarta etapa de nossa jornada. O essencial para compreendermos, por enquanto, é que o marketing tem a função organizacional que cria, continuamente, valor para o cliente e gera vantagem competitiva duradoura para a empresa, por meio da gestão estratégica dessas variáveis dos 4 Ps.

Marketing pode ser definido como a intenção de entender e atender o mercado. Na prática, esta definição, segundo ele, deve idealmente converter-se em práticas operacionais para melhor atender ao consumidor, mas para fazê-lo é indispensável que previamente se entenda seu comportamento, seus desejos e suas necessidades. Apenas com tais informações é que a empresa conseguirá mobilizar seus recursos para transformá-los, de fato, em demanda pelos produtos e serviços da organização.

Diante dessas características do marketing tradicional, o endomarketing ou marketing interno é justamente um instrumento de gestão para a adaptação e utilização de técnicas, instrumentos e conceitos de orientação de marketing voltados, especificamente, para os colaboradores/funcionários de uma determinada organização.

O endomarketing no campo da comunicação organizacional tem como objetivo facilitar e realizar engajamento e interação, construindo relacionamentos com o público interno, compartilhando objetivos da empresa ou organização, harmonizando e fortalecendo estas relações.

2.2 Onde começou o endomarketing?

A origem do endomarketing é atribuída a Saul Faingaus Bekin que, quando era gerente na Johnson & Johnson, na década de 1970, enfrentando dificuldades internas, decidiu que precisava "vender" a empresa para os seus funcionários e criou o termo endomarketing, registrado no Instituto Nacional de Propriedade Intelectual (INPI) desde 1995.

O endomarketing no Brasil teve seu início na década de 1970, quando o termo foi utilizado pela primeira vez por Saul Faingaus Bekin. Na época, as empresas começaram a perceber a importância de comunicar-se de forma eficaz com seus funcionários para aumentar o seu engajamento e produtividade.

Na década de 1980, o endomarketing começou a se consolidar no Brasil, com o surgimento de empresas especializadas em comunicação interna. Nesse período, as empresas começaram a utilizar uma variedade de canais e ferramentas para comunicar-se com seus funcionários, incluindo intranets, jornais e revistas internas, e eventos corporativos. Na década de 1990, o endomarketing começou a ser visto como uma estratégia de negócios. As empresas começaram a perceber que o endomarketing pode contribuir para a melhoria dos resultados da empresa, por meio do aumento da produtividade, da satisfação do cliente e da retenção de talentos.

A pesquisadora Analisa de Medeiros Brum, na década de 1990, já defendia que estaríamos vivendo o fim da revolução e a Era da reinvenção da mudança pacífica. Isso significa, segundo Brum, que somente em um clima organizacional favorável é possível gerar novas ideias, fomentando novas descobertas, estruturas e dimensões sociais.

Na década de 2000, o endomarketing começou a se adaptar às mudanças do mercado. As empresas começaram a utilizar novas tecnologias e ferramentas para comunicar-se com seus funcionários, como as redes sociais e os aplicativos de celular. Na década de 2010, o endomarketing começou a se concentrar na criação de uma cultura organizacional forte. As empresas começaram a utilizar o endomarketing para promover os valores e a missão da empresa, e para criar um ambiente de trabalho positivo e motivador. Já na década de 2020, o endomarketing começou a ser visto como um elemento essencial para a transformação digital das empresas, que começaram a utilizar o endomarketing para promover a cultura de inovação e a aprendizagem contínua.

No esforço louvável de renovação e de busca por eficiência, muitas vezes as empresas investem em rigorosos programas de qualidade. Entretanto, devemos observar que esses programas, via de regra, não alcançam os resultados esperados, embora representem investimentos significativos. Ou seja, a solução não veio, os problemas foram adiados e se gastou muito dinheiro.

Só depois da inevitável frustração é que descobrem que deixaram de lado a valorização dos funcionários. Faltou um conjunto de valores destinados a aumentar a valorização do indivíduo, a motivação e a iniciativa.

A renovação e a qualidade não podem prescindir destes aspectos fundamentais que são a qualificação e a promoção do indivíduo, além da valorização do ser humano. Os seres humanos devem ser os pilares da empresa e, como tal, devem se sentir felizes no ambiente de trabalho. O único modo de sabermos realmente se atingimos nossas metas é tentando mensurar nosso progresso. O mesmo vale para a felicidade no ambiente de trabalho. Não podemos simplesmente pressupor que nossos funcionários estão felizes. Devemos nos assegurar de que eles estão, e isso significa descobrir meios de ajudá-los a nos dizer isso.

Na cultura organizacional é possível captar a lógica das relações internas, suas contradições, suas mediações, para melhor compreender os estágios administrativos, os sucessos e fracassos organizacionais e as facilidades ou dificuldades impostas às mudanças institucionais. E o processo de comunicação evidencia a prática de atitudes internas, definindo a cultura organizacional. Toda organização tem um conjunto de valores e crenças, atitudes e comportamentos, modos de pensar e de agir partilhados pelas pessoas que a integram. Cultura organizacional é o conjunto de elementos que conferem a identidade coletiva e o significado da empresa. A cultura vai determinar o quanto os envolvidos valorizam a informação, se estão dispostos a vencer as barreiras organizacionais para compartilhá-la, e como podem adquirir novos conhecimentos para colocar a comunicação a serviço dos negócios. Já a noção de clima organizacional remete a algo mais fluido e mutante, a um estado de espírito de um ambiente organizacional, em dado instante, estando ligado a algo como seus humores coletivos.

De acordo com Curvello, a cultura organizacional dita o que realmente é uma organização, e certos modelos administrativos, às vezes, podem não se encaixar na realidade da organização, na qual padrões e valores surgem e se desenvolvem. A evolução social e cultural depende da compreensão, da cooperação dos indivíduos e da interação social do grupo.

A experiência de fazer parte, de agir em nome de uma empresa, se agrava quando também está em curso uma interação entre pessoas, se influenciando mutuamente, agindo sobre a percepção de cada um, alterando o estado de observação a cada momento. Com isso, uma cultura empresarial, por mais estática que seja em termos gerais, é sempre algo mutante, suscetível à ação de seus componentes. Nesse contexto, o endomarketing ganha protagonismo, pois deve se tornar parte da orientação gerencial estratégica e buscar, em suas ações e efeitos, proporcionar a melhoria contínua do clima da organização visando a elevação dos níveis de produtividade e lucratividade.

O sucesso de uma empresa localiza-se, primeiramente, em sua instância interna e nas habilidades de comunicação de que ela disponha. Em um segundo momento, essas habilidades podem ser projetadas em nível externo em razão de a empresa estar preparada e estruturada para a manutenção desses relacionamentos. A partir das percepções compartilhadas, que o indivíduo contemporâneo, inserido em determinado contexto organizacional, nutre sobre si mesmo, sobre seus pares e sobre a própria organização, que serão decididos e operacionalizados os rumos das ações da empresa em resposta às mudanças e desafios ambientais.

Os processos de comunicação interna dentro de programas de marketing interno são a chave para a construção de tal senso de singularidade organizacional e asseguram que os planos concebidos pela cúpula estratégica sejam, de fato, implantados conforme o planejado. Por meio da cultura e da comunicação as pessoas dão sentido ao mundo em que vivem, afinal, são elas que atribuem significado às experiências organizacionais. Esse é um processo capaz de gerar um relacionamento cooperativo, a responsabilidade compartilhada, a coesão, o verdadeiro trabalho em equipe, até mesmo gerando responsabilidades entre os funcionários.

A motivação do funcionário é destacada por alguns estudiosos como uma das características principais do endomarketing. O processo de motivação é constituído nas etapas de estímulo, esforço, desempenho, valorização, recompensa, satisfação e comprometimento.

2.3 Dez critérios necessários para criar o processo de motivação

Imagem 7 – Critérios de motivação no ambiente corporativo

Dez critérios necessários para criar o processo de motivação nas empresas:

- Prioridade para a motivação do grupo de trabalho, com chamamento à parceria, à cooperação e à lealdade;
- Valorização do indivíduo dentro do seu grupo;
- Integração baseada nos valores e objetivos da empresa;
- Reforço continuo de uma atitude baseada em valores compartilhados;

- Recompensas e prêmios dirigidos ao grupo para que todos se beneficiem dos resultados positivos;
- Criação de um ambiente de interação dentro da empresa;
- Envolvimento dos funcionários no planejamento e na tomada de decisões;

- Estímulo à iniciativa e à atitude criativa;
- Delegação de poderes de acordo com a natureza da função exercida;

- Remuneração adequada e plano de carreira transparente.

Critérios de motivação no ambiente corporativo.
Livro: Comunicação Organizacional na Era Tech

Fonte: elaborado pela autora (2024).

A liberdade de iniciativa e a atitude criativa só são possíveis em uma cultura organizacional que trabalha para que seus valores sejam compartilhados pelos funcionários e age no sentido de que esses valores se enraízem por meio de um processo constante de comunicação.

Iniciativa e criatividade são formas de antecipação do problema, de resolvê-lo em tempo hábil, sem que se acumule e se torne um obstáculo ao trabalho. Mesmo com uma cultura organizacional favorável para a constante motivação do funcionário, pode ser que em alguns casos aconteçam situações de resistência. Para resolver essas questões, Bekin afirma que são necessários alguns procedimentos como reavaliação dos métodos de trabalho e gerenciamento, adoção de processos que favoreçam a cooperação e a comunicação. Transmitir os objetivos da empresa para os funcionários é fundamental neste contexto de motivação do cliente interno.

O endomarketing, nesse caso, é uma ferramenta essencial para criar os valores em que se baseia esta cultura, pois pode auxiliar a criar as bases, os valores e os instrumentos da estrutura organizacional. Esses benefícios o tornam uma estratégia valiosa para melhorar o desempenho e a competitividade de uma organização. Ao promover uma comunicação interna clara e transparente, o endomarketing permite que os funcionários entendam melhor os objetivos da empresa, suas próprias contribuições e como seu trabalho se encaixa no contexto geral. O reconhecimento e a valorização dos esforços e conquistas dos funcionários cria um ambiente onde os colaboradores se sentem apreciados e motivados a continuarem se esforçando.

As ações de endomarketing podem incluir programas de treinamento e desenvolvimento, oferecendo aos funcionários a oportunidade de adquirir novas habilidades e crescer em suas carreiras. O endomarketing promove a coleta de *feedback* dos funcionários e ações para melhorar o ambiente de trabalho, demonstrando que suas vozes são ouvidas e valorizadas. Além de incentivar a participação ativa dos funcionários em decisões e projetos da empresa, fazendo com que se sintam parte integrante do processo de tomada de decisões.

2.4 *Employee Experience* (experiência do colaborador)

A experiência do colaborador (EX) é cada percepção e sentimento que ele vivencia desde a hora que recebe a notícia de que foi contratado até o momento da assinatura da rescisão contratual e como ele experimentou o "*offboarding*".

No contexto da comunicação interna, por exemplo, é possível focar em conteúdos em diferentes formatos que priorizem, justamente, a experiência do usuário (UX) em toda a jornada de conteúdo que ele vai acessar ao longo de sua permanência na organização. Por exemplo, a redação UX se concentra em transmitir informações de forma clara, concisa e fácil de entender. Isso é crucial para o endomarketing, pois garante que os funcionários compreendam as iniciativas, campanhas e mensagens da empresa.

A adequação ao tom de voz, *storytelling* e *microcopy* (instruções claras e precisas) de cada campanha é importante para fortalecer a conexão emocional do colaborador. Até mesmo buscar formas de interatividade, adequando os conteúdos para serem acessíveis e facilitar a compreensão das mensagens.

Uma plataforma de gestão que tem crescido exponencialmente nos últimos anos e que busca colocar o usuário no centro é a da Sólides Tecnologia. A empresa oferece soluções completas para gestão de pessoas, incluindo recrutamento e seleção, gestão de desempenho, gestão comportamental, engajamento de colaboradores e retenção de talentos, além de um olhar integrado com a análise de dados de cada etapa da jornada do colaborador. A Sólides investe constantemente em pesquisa e desenvolvimento para oferecer soluções, de gestão de pessoas, inovadoras e alinhadas às últimas tendências do mercado. Além de fomentar soluções escaláveis e que podem atender necessidades de empresas de todos os tamanhos. Inclusive, é um mito pensar que endomarketing é somente para empresas de grande porte. No geral, o endomarketing visa criar um ambiente de trabalho positivo e motivador, independente do porte da organização, em que os funcionários se sentem valorizados, ouvidos e inspirados a darem o melhor de si, resultando em um maior engajamento e produtividade, promovendo a felicidade no ambiente organizacional.

2.5 Como medir a felicidade no ambiente de trabalho com o endomarketing

Um ambiente de trabalho positivo é aquele em que os funcionários se sentem valorizados, apoiados e respeitados. Isso pode ser alcançado por meio de políticas e práticas que promovam a diversidade, a inclusão e a equidade. Os colaboradores que têm um bom equilíbrio entre a vida pessoal e profissional são mais propensos a se sentirem felizes e realizados. As empresas podem oferecer flexibilidade no horário de trabalho, políticas de licença parental e outros benefícios que ajudem os funcionários a equilibrarem suas responsabilidades profissionais e pessoais. Também podem oferecer programas de bem-estar que promovam a saúde física e mental dos colaboradores. Diversas empresas no Brasil estão "acordando" cada dia mais para essa realidade, com isso, vamos conhecer mais sobre algumas tendências emergentes do endomarketing.

As empresas estão cada vez mais utilizando novas tecnologias e ferramentas para comunicarem-se com seus funcionários, como as redes sociais, os aplicativos de celular e a realidade virtual. Hoje, por exemplo, temos o aplicativo NOZ. Essa é uma solução de comunicação interna desenvolvida pela empresa brasileira que fornece comunicação personalizada, de acordo com a segmentação do público-alvo e de forma gamificada. As principais funcionalidades da plataforma NOZ incluem interação, pois além dos diversos formatos de conteúdo, como fotos, carrossel, vídeos, textos e links, também é possível publicar sorteios, enquetes e formulários. Todas as publicações podem ser agendadas pelo administrador. Os usuários podem curtir, comentar e marcar outras pessoas nas publicações, promovendo interação e fortalecendo o relacionamento com a equipe.

Para aproximar o público-alvo e criar familiaridade, é possível personalizar a NOZ de acordo com a identidade visual da empresa, do seu jeito, com a sua marca e suas cores. Também é possível nomear os itens do menu da forma que desejar. Toda a plataforma é segmentada por tags (#), habilitando conteúdo direcionado para grupos de pessoas. Apenas aqueles que realmente precisam terão acesso às informações. As tags são criadas de acordo com a necessidade da empresa, e podem ser por região, filial, *squads*, projetos, setor, cargo, equipe etc. Além disso, toda interação na plataforma e ações *offline* podem gerar pontos e, com eles, os usuários resgatam os produtos disponíveis na loja, incentivando o engajamento por meio da gamificação. O administrador poderá informar quanto vale cada ação e poderá pontuar manualmente usuários ou grupos pelo painel administrativo.

Através do aplicativo é possível promover treinamentos e qualificações por meio de cursos, que são organizados por módulos, permitindo a inserção de imagens, vídeos, textos e questionários, e, também, a emissão de certificados e relatórios completos sobre o índice de conclusão. Além de criar pastas com diferentes tipos de arquivos e galeria de fotos, e compartilhar de forma segmentada. E, por fim, construir um calendário integrado de toda a organização. Esse é um dos principais exemplos de tecnologia em comunicação interna no mercado, o que mostra que as empresas estão cada vez mais focadas na criação de uma cultura organizacional forte, por meio do endomarketing, integrando com outras estratégias de negócios, como a comunicação externa, a gestão de pessoas e a estratégia organizacional. Adiante, falaremos um pouco mais sobre isso.

O endomarketing é uma estratégia que pode contribuir para o sucesso das empresas de diversas maneiras. Ao investir em endomarketing, as organizações podem melhorar o engajamento dos funcionários, a produtividade, a satisfação do cliente e a retenção de talentos. Existem empresas que são referência no mercado e que inspiram práticas e cases de sucesso. A seguir, vamos conhecer algumas delas:

A **Zapier** é uma empresa que utiliza a tecnologia para promover o engajamento dos colaboradores. Ela oferece um programa de aprendizagem contínua, chamado "Zapier Academy", que permite aos funcionários aprenderem novas habilidades e desenvolverem suas carreiras. Universidades Corporativas são meios cada vez mais utilizados para incentivar o contínuo desenvolvimento do colaborador.

A **HubSpot** utiliza a cultura organizacional para promover o engajamento dos colaboradores. A empresa oferece uma variedade de benefícios para os funcionários, como um ambiente de trabalho flexível, programas de bem-estar e uma cultura de colaboração e aprendizado.

A **Amazon** é uma empresa que investe no engajamento dos colaboradores por meio de um ambiente de trabalho desafiador e recompensador. Também oferece oportunidades de crescimento profissional e um programa de reconhecimento que valoriza os esforços dos funcionários.

O **Grupo Sabin** é um dos maiores *players* no setor de medicina diagnóstica do Brasil e tem 39 anos de trajetória. Fundado em Brasília, o grupo conta com mais de 7.000 colaboradores, que atendem mais de 7 milhões de clientes ao ano, em 350 unidades de atendimento espalhadas pelo país. A empresa possui 77% do quadro funcional composto pela força feminina, que ocupa 74% dos cargos de liderança. Além disso, é uma referência em empreendedorismo feminino no País.

2.6 Integrar a visão de negócio ao cotidiano do colaborador

A integração do colaborador com a visão de negócios da empresa é um processo fundamental para o sucesso organizacional. Quando os funcionários entendem e se sentem conectados à visão da empresa é um sinal de que estão mais propensos a se engajarem com o trabalho, a serem produtivos e a contribuírem para o alcance dos objetivos da organização.

O endomarketing tem um importante papel de construir estratégias eficazes para que os colaboradores participem do processo de definição da visão da empresa. A visão da empresa deve ser comunicada de forma clara e frequente a todos os colaboradores, em todos os níveis da organização. Isso pode ser feito por meio de reuniões, treinamentos, materiais informativos e outros canais de comunicação. Sem dúvida, "as palavras motivam, mas o exemplo arrasta". Os líderes de uma empresa devem ser modelos de comportamento para os colaboradores. Eles devem demonstrar seu compromisso com a visão da empresa por meio de suas ações e palavras.

Mas, na prática, como fomentar esse ambiente e integrar visão de negócios com foco nas pessoas?

- Através de reuniões mensais com todos os colaboradores para discutir a visão da empresa e como ela está sendo implementada;
- Oferecendo treinamentos sobre a visão da empresa aos novos colaboradores;
- Desenvolvendo um portal interno onde os colaboradores podem encontrar informações sobre conteúdos relacionados com o negócio da empresa;
- E dentro de ações, já previstas, de comemoração em datas significativas como, por exemplo, no dia da mulher. Vamos pensar em uma empresa de turismo. Podemos comemorar esse dia com algo meramente simbólico, tal como uma flor ou um chocolate. Ou até mesmo inovar, convidando uma *expert* no turismo, que tenha uma história inspiradora, para levar essa visão ao time feminino da empresa. Uma mesma data comemorativa, só que comemorada aliando o cuidado com as mulheres junto à visão de mercado e, consequentemente, elevando o nível de *know-how* do setor turístico.

Tendo esse ponto de vista, podemos concluir que, ao implementar estratégias de integração do colaborador com a visão de negócios da empresa, as organizações podem criar um ambiente de trabalho mais produtivo e motivador, em que os funcionários se sintam parte de algo maior. Por outro lado, de nada adianta uma estratégia de endomarketing 100% inovadora, em um cenário onde falta clareza da própria empresa sobre a sua visão de negócio. Com isso, aproveito para destacar duas dicas para que a visão empresarial seja tão clara a ponto de qualquer colaborador conseguir transmiti-la:

- A visão precisa ser inspiradora e motivacional;
- A visão deve ser objetiva e concisa, mas principalmente alcançável, pois cada funcionário deve ter em mente que pode contribuir para ajudar a empresa a alcançar seus objetivos.

2.7 Promover a inovação e integração com a tecnologia

Em pesquisa realizada em 2023, pela Associação Brasileira das Agências de Comunicação (ABRACOM), as principais tendências da comunicação interna, no trabalho híbrido, são a utilização de ferramentas de comunicação digitais e colaborativas, a necessidade de uma comunicação mais personalizada e direcionada e a importância da cultura organizacional inclusiva e participativa.

Resgatando o exemplo do Grupo Sabin, ressalto aqui a forma como trabalham na implantação de novas tecnologias a serviço da saúde, a melhoria na experiência do cliente, bem como o incentivo ao ecossistema inovador. Entre os destaques está o programa *Ideia em Ação* que estimulou a participação de mais de 6.200 colaboradores, de norte a sul do país.

Em um mundo tecnológico e cada vez mais orientado aos dados, a empresa investe intensamente em métodos e tecnologias para que a liberação dos resultados seja cada dia mais ágil. Existem diversas maneiras de estimular a inovação. E podemos destacar justamente os que incentivam a recompensa à criatividade, ao pensamento crítico e à experimentação.

Imagine uma empresa que precisa muito se desfazer de inúmeros computadores, mesas e cadeiras, além de inúmeros itens de escritório, pois migraram para o regime híbrido e grande parte desse acervo não precisará ser utilizado. Existem muitas maneiras de se fazer isso, mas uma delas gera mais inovação e promove o intraempreendedorismo. Tudo começou com a ideia de criar um *e-commerce* interno com esses produtos, para que fossem disponibilizados aos próprios colaboradores com preços acessíveis e que estimulam diversas áreas da empresa a se integrarem e promoverem o saldão virtual. O resultado? Mais de 60% dos itens foram vendidos em tempo recorde, os colaboradores engajaram na campanha e diversos setores passaram a trabalhar em equipe para que o *e-commerce* saísse do papel. A empresa lucrou, mas o ambiente corporativo e de cooperação foi o maior ganho desse projeto. Claro que uma ideia dessas precisou passar pelo CEO da empresa e diretoria estratégica para cálculo dos riscos. Só que diante de uma cultura empresarial saudável, os decisores confiaram que seria um sucesso. Se a inovação é valorizada pela empresa, os colaboradores serão mais propensos a se envolverem em atividades e colocarem em prática novas habilidades, tal como no exemplo do saldão de móveis.

A colaboração é essencial para a inovação. Quando os colaboradores trabalham juntos, eles podem compartilhar ideias e conhecimentos, o que pode levar a novas soluções.

Um grande perigo para um ambiente organizacional é o medo do fracasso e do erro. É importante reforçar que todo processo de inovação passa por uma série de riscos. Penalizar os funcionários por terem errado é dar muitos passos atrás na jornada de inovação nas empresas. Da mesma forma que é fundamental a atenção e reconhecimento aos funcionários que se destacaram por projetos de sucesso. Seja bônus, promoções ou reconhecimentos públicos em confraternizações e mídias digitais. Cada vez que esses colaboradores são estimulados, o ambiente organizacional começa a ter mais meios de evoluir, crescer e prosperar. Pegue essas quatro dicas para implementar inovação na sua realidade empresarial:

#1   Crie um programa de recompensas para ideias inovadoras;

#2   Ofereça treinamentos sobre inovação para os colaboradores de todos os níveis hierárquicos;

#3   Crie um *hub* de inovação onde os funcionários possam se comunicar e inovar;

#4   Promova, de maneira consistente, uma cultura de aprendizado e experimentação.

Muitas ideias e grandes projetos não podem sair do papel sem o foco no capital mais importante das organizações, as pessoas. E é justamente esse o tema dos nossos últimos tópicos deste capítulo.

2.8 Cultura de pessoas em primeiro (*People First*)

A cultura *people first* é uma abordagem que coloca as pessoas no centro das decisões e prioridades de uma empresa. Essa filosofia de gestão tem se mostrado cada vez mais importante, não apenas para o bem-estar dos colaboradores, mas também para o sucesso dos negócios. Uma empresa com uma cultura *people first* acredita que seus colaboradores são seu maior ativo. Ela investe no desenvolvimento e bem-estar de seus funcionários, criando um ambiente de trabalho positivo e produtivo.

Um estudo da Deloitte descobriu que as empresas com uma cultura centrada nas pessoas têm 2,5 vezes mais probabilidade de ter um desempenho financeiro superior do que as empresas que não são centradas nas pessoas. Uma das principais organizações que buscam trabalhar com o foco nas pessoas é o Ecossistema da *Great Place to Work* (Melhores Empresas para Trabalhar).

O GPTW é autoridade global no mundo do trabalho, ajudando empresas a atingirem o melhor das pessoas e gerar resultados excepcionais e sustentáveis. Uma das características marcantes entre as Melhores Empresas para Trabalhar é o faturamento acima do Produto Interno Bruto Nacional. Ao comparar os números de faturamento em um período de 2 anos, as empresas premiadas tiveram um crescimento médio de 9,6%. Isso representa um número 159% maior que o aumento do PIB do período. Acontece que existe um fator-chave para essas empresas e um desafio contínuo de implementar um planejamento de comunicação integrada, com foco nas pessoas e que engaje os times. Cada profissional que se encontra em posição de responsabilidade por esse desafio precisa, necessariamente, de comunicação para ser assertivo em cada etapa do planejamento, necessita ser um líder e ter influência real sobre os seus colegas de trabalho, para levar cada fase do planejamento adiante, precisa ter clareza sobre cada objetivo do projeto, deve também combater o medo de falar em público, pois são necessárias várias reuniões e alinhamentos antes de finalizar o projeto e, sem dúvida, a gestão de conflitos, pois em um projeto, com diferentes gerações envolvidas (X, Y e Z), a chance do sucesso na entrega do produto é alta. O principal tópico nesta lista é, sem dúvida, a realização de objetivos no trabalho e fomentar o trabalho em equipe, afinal, sem isso não tem como uma organização evoluir e inovar.

A relação mutuamente satisfatória entre colaborador e empresa, ou seja, em que ambos veem seus desejos e necessidades atendidos é justamente o foco das estratégias do #endomarketing, isto é, o marketing interno dentro das organizações. E, como nossa principal estratégia, a seguir vamos utilizar algumas técnicas em três passos que a Programação Neurolinguística (PNL) nos oferece, quando falarmos de endomarketing para motivação de equipes.

#1 Compreender com o time o Estado Presente (EP) e o Estado Desejado (ED): Programação Neurolinguística para a Inovação.

O conceito de estados da PNL refere-se aos nossos processos mentais e físicos que experimentamos a qualquer momento. O Estado Presente é aquilo que demonstra nossa interação com o ambiente externo, de quão bem estão funcionando os nossos corpos e o nosso pensamento (incluindo as emoções). O Estado Desejado nada mais é do que aquilo que você se propõe ser, viver, querer, desejar e realizar daqui a um tempo, que pode ser dias, meses, anos (curto, médio e longo prazo).

Você e seu time têm clareza de onde querem chegar? Essa é a ponte para a realização. Tenha clareza e alinhe as expectativas com seu time.

#2 Defina seus objetivos com o time por primários e secundários.

Vamos pensar que você tem como missão promover a comunicação interna com suas lideranças. Então, seu objetivo primário pode ser "alinhar todos os colaboradores para conhecerem e viverem os pilares estratégicos da empresa X".

Ao aplicar a PNL na liderança, buscando focar em um time de gestores, estes se tornam capazes de acessar pontos importantes da comunicação, facilitando a persuasão e eliminando algumas barreiras na troca de mensagens, evoluindo na resolução de diversos problemas operacionais em seus times. Diferente dos objetivos secundários, que podem ser "implementar a política de comunicação da empresa X" e "implementar o manual de comunicação da empresa X", por exemplo.

Conseguiu definir? Agora vamos para a última etapa, que será o acordo, a autonomia no projeto, mas com responsabilidade.

#3 Definidas as responsabilidades, utilize mais uma técnica denominada: uso de palavra-chave para recapitulação.

Após entender a necessidade que o gestor está passando com a comunicação, será necessário o uso das palavras-chave: comunicação integrada e sinergia dentro do time. Isso será fundamental para avançar até a ideia da necessidade real de uma política de comunicação construída com ele e os demais gestores. Após cada reunião você pode elaborar um documento resumido com os principais pontos abordados e definições, para resguardar que estejam sempre na "mesma página". Esse é um exemplo de passos iniciais para construir uma equipe e sinergia, e para que seus projetos tenham início, meio e fim.

Os desafios continuam, pois a difusão de visão unificada no ambiente organizacional é um exercício constante. Por outro lado, de um ambiente estressante e sem identidade organizacional, a empresa passará a ser um lugar com sua própria marca e cada colaborador passou a viver em um ambiente com mais empatia e flexibilização dos pontos de vista por parte de seus gestores. Transformando, gradualmente, a saúde organizacional e favorecendo o ambiente para a inovação, sendo cada vez mais estratégico.

2.9 Pesquisa de clima organizacional: espaço de escuta e ferramenta de diagnóstico

A pesquisa de clima organizacional é uma ferramenta importante para as empresas que desejam entender a percepção dos colaboradores sobre o ambiente de trabalho. Através dela é possível identificar pontos fortes e fracos do clima organizacional, bem como as principais necessidades e expectativas dos colaboradores em relação ao trabalho em geral, ao salário e benefícios, oportunidades de crescimento, ambiente físico de trabalho e até mesmo seus colegas de trabalho.

A pesquisa de clima é uma ferramenta eficaz para identificar pontos de melhoria no clima organizacional. Por meio dela, é possível identificar fatores que estão causando insatisfação ou desmotivando os colaboradores. Quando os pontos de melhoria são identificados é possível tomar medidas para melhorá-los. Isso contribui para um clima organizacional mais positivo e produtivo, além de ajudar a identificar barreiras ao desempenho. Por exemplo, se os colaboradores estão insatisfeitos com a remuneração ou com o plano de carreira, isso pode afetar negativamente seu desempenho e auxiliar na tomada de decisões estratégicas da empresa. Por exemplo, se a pesquisa mostra que os colaboradores estão insatisfeitos com o treinamento, a empresa pode investir mais em treinamentos e desenvolvimento.

A pesquisa de clima também pode ser uma oportunidade para fomentar a comunicação entre a empresa e os colaboradores. Por meio dela, os profissionais podem expressar suas opiniões e sugestões, e a organização pode se comunicar de forma transparente e aberta. Os resultados da pesquisa de clima também podem ser usados para otimizar as lideranças. Por exemplo, se a pesquisa mostra que os colaboradores estão insatisfeitos com a liderança, a empresa pode investir em treinamentos e desenvolvimento para os líderes. Colaboradores que estão satisfeitos com o ambiente de trabalho são mais propensos a permanecerem na empresa. Isso pode levar a uma maior atração de talentos e a uma melhor reputação da empresa no mercado.

Em resumo, a pesquisa de clima organizacional é uma ferramenta importante para as empresas que desejam melhorar o clima organizacional, o desempenho e a satisfação dos colaboradores. Para que a pesquisa de clima seja eficaz, é importante que ela seja bem planejada e executada. É importante também que a pesquisa seja adequada à realidade da empresa e que os resultados sejam analisados de forma imparcial.

A GPTW tem a própria metodologia de pesquisa de clima e já aplicou em mais de 10 mil empresas, estando presente em 97 países. Existe um reconhecimento internacional que atesta que a empresa é um ótimo lugar para trabalhar e que pode trazer uma série de benefícios para as empresas, incluindo a atração e retenção de talentos, o aumento da produtividade e a melhoria da satisfação dos clientes.

Existem empresas que fazem pesquisas com grupos focais para conseguir recolher *insights* estratégicos:

1) Para você qual é a missão (razão de ser da organização) e visão (onde a organização quer estar no futuro)?

2) Para você quais são os valores da organização?

3) Como esses valores são transmitidos para você?

4) Você acha que esses valores são vividos de forma coerente na organização?

5) Quais são os meios de comunicação interna?

6) Eles te ajudam a se sentir mais informado, comprometido e motivado com o trabalho?

7) Quais os meios de comunicação interna você acha que deveria ter?

8) Você é feliz no seu ambiente de trabalho, por quê?

A partir de uma pesquisa qualitativa como esta, é possível até mesmo desenvolver um plano de ação para focar naqueles aspectos mais destacados nas respostas.

2.10 Foco no desenvolvimento dos profissionais com o *microlearning*

Disputar atenção com tantos estímulos das mídias digitais e fomentar o foco do colaborador é um desafio constante para a gestão de pessoas e talentos. Uma das principais tendências e que são frequentemente utilizadas nas organizações é a abordagem *microlearning*. O foco nessa metodologia são pequenas doses de conteúdo, geralmente com duração de até 20 minutos. Esses conteúdos podem ser apresentados em diferentes formatos, como vídeos, textos, áudios, infográficos, jogos ou simulações.

O *microlearning* é uma metodologia que pode ser aplicada em diferentes contextos, como educação, treinamento corporativo, desenvolvimento pessoal e profissional. Ele é especialmente útil para ensinar conceitos ou habilidades específicas, que podem ser aprendidos de forma rápida e eficaz. Pode ser realizado em qualquer lugar e em qualquer momento, o que o torna ideal para pessoas com agendas ocupadas. Esta é uma excelente oportunidade de educar o colaborador nos temas estratégicos ao longo de uma campanha, por exemplo.

Vamos conhecer alguns exemplos de *microlearning*:

- Vídeos de 2 a 5 minutos que ensinam um conceito ou habilidade específica.

- Textos, artigos, infográficos ou e-books que fornecem informações sobre um determinado tópico.

- Podcasts ou gravações de palestras que podem ser ouvidos em qualquer lugar.

- Jogos educativos que ajudam os alunos a aprenderem de forma divertida.

Muitas empresas brasileiras já estão adotando o *microlearning* e os resultados têm sido positivos. Um estudo realizado pela ABTD (Associação Brasileira de Treinamento e Desenvolvimento) descobriu que essa metodologia pode aumentar a retenção de conhecimento em até 60%. Já a pesquisa realizada pela Universidade Federal do Rio de Janeiro (UFRJ) descobriu que essa abordagem pode aumentar a motivação dos alunos em até 20%. A expectativa é que o *microlearning* continue a crescer no Brasil nos próximos anos. Essa metodologia será cada vez mais personalizada, com gamificação e inteligência artificial, levando em conta as necessidades individuais de cada aluno.

Destaco abaixo três *players* do mercado que são referência em *microlearning*:

- O Banco do Brasil utiliza dessa metodologia para treinar seus funcionários sobre diversos temas, como atendimento ao cliente, *compliance* e inovação.
- O Itaú Unibanco utiliza o *microlearning* para desenvolver as habilidades técnicas e comportamentais de seus funcionários.
- Já a Petrobras utiliza essa forma de ensino para capacitar seus funcionários em segurança do trabalho e meio ambiente, por exemplo.

Identificar os "*gaps*" de aprendizagem do colaborador e mobilizar para engajar na sua trilha de desenvolvimento é parte da missão da comunicação organizacional.

2.11 Segurança psicológica e a comunicação organizacional

Podemos ter diversas ferramentas, automação, programa de desenvolvimento de equipes, estratégia de *microlearning*, só que de nada adianta tudo isso sem ter pessoas trabalhando com a saúde mental "em dia". A saúde mental é um tema cada vez mais relevante nas organizações e a comunicação organizacional, principalmente o endomarketing, tem a responsabilidade de fomentar ambientes cada vez mais saudáveis. As empresas estão percebendo que a saúde mental dos colaboradores é um fator importante para a produtividade, a inovação e a satisfação dos clientes.

De acordo com dados da Organização Mundial da Saúde (OMS), um em cada quatro adultos sofre de algum transtorno mental. No Brasil, cerca de 19 milhões de pessoas apresentam algum tipo de transtorno mental. Os transtornos mentais mais comuns nas organizações são:

#1 Ansiedade: é o transtorno mental mais comum no mundo, afetando cerca de 300 milhões de pessoas. Nos ambientes de trabalho, a ansiedade pode se manifestar em sintomas como nervosismo, irritabilidade, dificuldade de concentração e insônia.

#2   Depressão: é o segundo transtorno mental mais comum no mundo, afetando cerca de 264 milhões de pessoas. No ambiente de trabalho, a depressão pode se manifestar em sintomas como tristeza, perda de interesse, fadiga e dificuldade de tomar decisões.

#3   Estresse: é uma resposta natural do organismo a situações de pressão ou desafio. No entanto, quando o estresse é crônico, pode levar a problemas de saúde mental, como ansiedade e depressão.

Os transtornos mentais podem ter um impacto significativo no desempenho dos colaboradores e podem causar diversas consequências para toda a organização. Colaboradores com problemas de saúde mental podem ter dificuldade de concentração, na tomada de decisões e no cumprimento de prazos. Por outro lado, podem faltar mais ao trabalho, o que pode prejudicar a produtividade da equipe e até mesmo elevar o nível de rotatividade da organização.

Quase 50% das pessoas afirmam que o trabalho impacta negativamente algum aspecto da sua vida e, dentre elas, 80% apontam a saúde mental como a principal parte afetada, de acordo com a pesquisa GPTW. Um estudo feito pela Gallup, em 2022, demonstrou que 80% das pessoas disseram que não se sentiam engajados com o serviço. Para resguardar e promover um ambiente corporativo mais "homem e menos máquina", o conceito de segurança psicológica vem crescendo cada dia mais em organizações reconhecidas pelo seu cuidado com o cliente interno. É um conceito que se refere ao ambiente de trabalho em que os colaboradores se sentem seguros para expressarem suas ideias, opiniões e *feedbacks*, sem medo de represálias ou julgamento. Isso favorece uma condição a inovação, o aprendizado e o alto desempenho.

No Brasil, a Associação Brasileira dos Profissionais de Recursos Humanos (ABPRH) tem um papel importante na promoção da saúde mental dos colaboradores nas organizações. A associação oferece uma variedade de recursos, tais como publicações, eventos e formação, seja gratuita ou com valores acessíveis, e serviços que ajudam as empresas a criarem ambientes de trabalho saudáveis e apoiarem os colaboradores que enfrentam problemas de saúde mental.

Nos últimos anos, as empresas têm dado cada vez mais atenção à segurança psicológica. Existem diversas maneiras de promover a segurança psicológica nas empresas. Algumas das ações mais comuns incluem:

- A cultura de *feedback* é essencial para a segurança psicológica. Os colaboradores precisam se sentir seguros para compartilhar suas ideias e opiniões, mesmo que sejam críticas.
- A diversidade e a inclusão são fundamentais para a segurança psicológica. Quando os colaboradores se sentem representados e respeitados, eles ficam mais propensos a se sentirem seguros para se expressarem. Falaremos mais adiante sobre práticas de fomento a ambientes mais inclusivos.
- As relações de confiança são a base da segurança psicológica. Os colaboradores precisam sentir que podem confiar em seus colegas e líderes para serem honestos e abertos.

Práticas de sucesso em segurança psicológica

O Google oferece um programa chamado "*Advocate*", que capacita os colaboradores a serem embaixadores da cultura de *feedback*.

Já a Microsoft oferece um programa chamado "*Employee Resource Groups*", que promove a diversidade e a inclusão.

Por fim, a Netflix oferece um programa chamado "*Mindful Leadership*", que ajuda os líderes a desenvolverem habilidades de liderança conscientes.

2.12 O papel de ouvidoria no foco nas pessoas

A ouvidoria é um canal de comunicação entre uma organização e seus públicos internos, que tem como objetivo receber, apurar e responder às demandas, reclamações, sugestões e elogios. No contexto do endomarketing, a ouvidoria é fundamental para promover o diálogo e a transparência, como um canal seguro e confidencial, no qual os colaboradores podem expressar suas opiniões e *feedbacks*, o que contribui para promover o diálogo e a transparência dentro da organização.

O papel estratégico da ouvidoria é justamente na oportunidade de construir diversas oportunidades de melhoria nos produtos, serviços e processos que são ofertados nas organizações. Ao pensar em melhoria e qualidade, também podemos entender isso como uma possibilidade de construir um clima organizacional saudável, no qual os colaboradores se sentem valorizados e respeitados. A ouvidoria pode contribuir para o clima organizacional ao demonstrar que a organização está aberta ao diálogo e ao *feedback* dos colaboradores.

A ouvidoria pode atuar no endomarketing de diversas formas, dentre as quais:

- Identificar as percepções dos colaboradores sobre a organização, seus processos e seus produtos ou serviços por meio de pesquisas recorrentes e um canal aberto com o colaborador;
- Promover ações de sensibilização para conscientizar os colaboradores sobre a importância da ouvidoria e do diálogo;
- Oferecer treinamentos para os colaboradores sobre como utilizar a ouvidoria e como fazer suas demandas de forma assertiva.

A ouvidoria é uma ferramenta poderosa que pode contribuir para o sucesso da organização, tanto no âmbito interno quanto no externo. Ao promover o diálogo, a transparência e a satisfação dos colaboradores, a ouvidoria pode ajudar a criar uma organização mais competitiva e sustentável.

2.13 Ouvidoria nas organizações públicas

De acordo com dados do Sistema Fala.BR, da Controladoria-Geral da União (CGU), somente em 2022 foram registradas 1.508.833 manifestações de ouvidoria no Brasil. Desse total, 1.429.013 (95,2%) foram feitas por cidadãos e 79.820 (4,8%) por servidores públicos.

Os tipos de manifestações mais frequentes foram:

- Reclamação: 875.978 (58,2%);
- Elogio: 358.559 (23,8%);
- Solicitação: 223.044 (14,8%);
- Denúncia: 31.252 (2,1%).

Os órgãos públicos que receberam o maior número de manifestações foram:

- Ministério da Educação: 202.854;
- Ministério da Saúde: 185.590;
- Instituto Nacional do Seguro Social (INSS): 169.679;
- Ministério da Economia: 143.113;
- Ministério da Justiça e Segurança Pública: 138.097.

Os assuntos mais frequentes das manifestações foram:

- Educação: 124.516;
- Saúde: 113.871;
- Seguridade Pública: 92.070;
- Beneficiários do INSS: 78.969;
- Trabalho e Previdência Social: 66.408.

Os dados mostram que a ouvidoria é um canal importante para que os cidadãos e servidores públicos possam expressar suas demandas e opiniões. A análise das manifestações é fundamental para que as organizações identifiquem oportunidades de melhoria e promovam a transparência e a satisfação dos seus públicos, atuando com plano de ação direcionado para prevenir rupturas graves no ambiente organizacional.

A maioria das ouvidorias do setor público brasileiro é gerida por servidores públicos e são predominantes nos órgãos federais do que nos estaduais e municipais.

2.14 Ouvidoria no setor privado

O setor privado também vem investindo cada vez mais na ouvidoria. De acordo com uma pesquisa realizada pela Associação Brasileira de Ouvidores (ABO), em 2022, 90% das empresas brasileiras contam com a ouvidoria. Desse total, 70% são de grande porte, 20% de médio porte e 10% de pequeno porte. Os tipos de manifestação mais frequentes nas ouvidorias são:

- Reclamação: 60%;
- Elogio: 25%;
- Solicitação: 10%;
- Denúncia: 5%.

Os assuntos mais frequentes das manifestações nas ouvidorias das empresas brasileiras são:

- Produtos e serviços: 40%;
- Atendimento: 30%;
- Processos internos: 20%;
- Outros: 10%.

Os canais de comunicação mais utilizados pelas empresas brasileiras para receber manifestações de ouvidoria são:

- Telefone: 60%;
- E-mail: 30%;
- Site: 10%.

O tempo médio de resposta às manifestações de ouvidoria nas empresas brasileiras é de 15 dias. Os dados mostram que a ouvidoria é um canal importante para que os clientes e colaboradores das empresas brasileiras possam expressar suas demandas e opiniões. A análise das manifestações pode ajudar as empresas a identificarem oportunidades de melhoria e a promoverem a satisfação dos seus públicos. Vamos conhecer, abaixo, três curiosidades das ouvidorias brasileiras no setor privado:

- As ouvidorias das empresas brasileiras são mais prevalentes nas de grande porte do que nas de menor porte.

- As ouvidorias das empresas brasileiras são mais utilizadas por clientes do que por colaboradores.
- As ouvidorias das empresas brasileiras são mais utilizadas para registrar reclamações do que elogios ou solicitações.

As empresas brasileiras estão cada vez mais investindo na ouvidoria como uma ferramenta de gestão. O programa de ouvidoria da Áliant – Ética e *Compliance*, uma das principais empresas de implementação de ouvidoria hoje no Brasil, é um canal de comunicação que permite que os colaboradores, clientes e fornecedores possam registrar reclamações, sugestões e elogios. A plataforma permite que colaboradores, clientes e fornecedores façam seus registros de forma rápida e fácil. A Áliant oferece um número de telefone dedicado à ouvidoria, que está disponível 24 horas por dia, 7 dias por semana, além de um endereço de e-mail dedicado à ouvidoria, para que os colaboradores, clientes e fornecedores possam registrar relatos por escrito. O acompanhamento recorrente de um sistema, relatórios e indicadores que permitem às empresas acompanharem o desempenho da ouvidoria.

Uma ouvidoria deve ser composta por uma equipe especializada de ouvidores que são responsáveis por receber, analisar e investigar os relatos. Ela é composta por profissionais com experiência e qualificação na área de ouvidoria, que estão comprometidos em garantir que todos os relatos sejam recebidos e tratados de forma justa e objetiva. A ouvidoria pode ajudar as empresas a melhorarem a sua relação tanto com os clientes quanto com os colaboradores. Além de fomentar um ambiente ético e com ações práticas de responsabilidade social, que ajudam a prevenir e resolver conflitos.

Gestão de conflitos e a comunicação organizacional

Os conflitos são uma parte inevitável da vida organizacional. Eles podem surgir por diversos motivos, como diferenças de opiniões, objetivos ou valores. Além disso, podem ser positivos ou negativos, dependendo de como são gerenciados.

A gestão de conflitos é um processo que visa resolver as divergências de forma eficaz e construtiva. A comunicação organizacional é uma ferramenta essencial para a gestão de conflitos, pois pode ser utilizada para coletar informações sobre o problema, como as causas, os envolvidos e os objetivos de cada parte; promover o entendimento e a cooperação entre os funcionários, o que pode ajudar a prevenir conflitos; e resolver a desavença, podendo ser utilizada para facilitar o diálogo e a negociação entre as partes envolvidas no conflito.

A comunicação organizacional eficaz é essencial para a gestão de conflitos de maneira eficiente. Os profissionais de comunicação organizacional devem estar preparados para lidarem com conflitos, utilizando técnicas de comunicação assertiva e de negociação.

Comunicação não violenta

A Comunicação Não Violenta (CNV) é uma abordagem à comunicação que se concentra na compreensão e expressão de necessidades e sentimentos. Ela foi desenvolvida pelo psicólogo Marshall Rosenberg, nos anos 1960 e 1970.

A CNV é uma abordagem cada vez mais popular, sendo utilizada em diversos contextos, como educação, saúde, negócios e relações pessoais. Aqui estão algumas estatísticas sobre a CNV:

- De acordo com uma pesquisa realizada pela Universidade de Massachusetts, Amherst, a CNV pode ajudar a reduzir o estresse, a ansiedade e a depressão.
- Outra pesquisa, realizada pela Universidade de Harvard, mostrou que a CNV pode ajudar a melhorar a produtividade e o clima organizacional.

Os benefícios da comunicação não violenta

A comunicação não violenta oferece diversos benefícios, como os relacionados abaixo:

- Melhora a comunicação e o entendimento;
- Reduz o estresse e a ansiedade;
- Melhora o relacionamento;
- Promove a paz e a justiça;
- Ensina a comunicação não violenta.

Existem diversos recursos disponíveis para aprender a comunicação não violenta, incluindo livros, cursos *online* e *workshops*. Falaremos mais sobre responsabilidade social corporativa no próximo capítulo. Até lá!

CAPÍTULO 3

REPUTAÇÃO CORPORATIVA, IMPRENSA E O *EMPLOYER BRANDING*

Ao nos relacionarmos com diversos tipos de públicos no contexto organizacional, nos deparamos com o desafio de comunicação com organizações de interesse, tais como associações de representação e até mesmo a mídia "tradicional", representada por emissoras de TV, rádio, portais de notícias etc.

O papel da comunicação institucional é justamente criar e disseminar a identidade e imagem de uma organização, por meio de ações que promovam o diálogo e a interação com os diversos públicos de interesse. Após percorrer sobre a comunicação interna e o endomarketing, e como os processos e estratégias se transformaram com o passar dos anos, vamos entender como a área institucional das empresas, ou comumente chamada de relações públicas, também passou por diversas mudanças no contexto pós-digital.

3.1 Relações com a imprensa e a comunicação integrada

Para fazer a gestão de divulgação de temas estratégicos para o público externo, em especial a mídia, temos a assessoria de imprensa. A missão específica da assessoria de imprensa, em sua primeira forma de atuação, é justamente promover uma imagem positiva por meio do contato com jornalistas, elaboração de *releases* e conteúdos, além da organização de eventos para divulgar informações relevantes e manter relacionamento com *stakeholders* estratégicos. Essa função ajuda a construir e proteger a reputação da entidade representada.

O jornalista americano chamado Ivy Lee, no ano de 1906, inventou essa atividade especializada. Ele deixou o jornalismo para estabelecer o primeiro escritório de assessoria de comunicação do mundo, em Nova Iorque.

A assessoria de imprensa no Brasil começou no final do século XIX, quando empresas e governos buscavam maneiras de influenciar a opinião pública. Entretanto, foi na década de 1950 que ela começou a ganhar mais destaque, especialmente com a fundação da primeira agência de assessoria de imprensa do país, a CDN (Companhia de Notícias), que teve um papel de protagonista na profissionalização dessa atividade.

Nos anos seguintes, nas décadas de 1970 e 1980, essa atividade passou a se consolidar cada vez mais, tanto em empresas privadas quanto em organizações públicas no Brasil. De acordo com dados da Associação Brasileira de Relações Públicas (ABRP), existem cerca de 20.000 agências de assessoria de imprensa brasileiras, que empregam aproximadamente 50.000 profissionais. No Brasil, o faturamento anual estimado é de R$ 2,5 bilhões, sendo que as assessorias de imprensa de grande porte dominam o mercado e representam 70% do faturamento do setor, as de médio porte 25% e as de pequeno porte, 5%.

3.2 Antiga assessoria de imprensa x Nova assessoria de imprensa

Até meados dos anos 2000, as assessorias de imprensa ainda estavam muito focadas na divulgação de notícias por meio de veículos tradicionais, tais como jornais, revistas, rádio e televisão. Encontrar espaços de destaque e promover os seus assessorados — seja pessoa física ou jurídica — em coletivas de imprensa, artigos e páginas de destaque era o esforço constante de jornalistas que acabavam por se especializar nesta área.

Vamos imaginar o cenário de uma assessoria de imprensa há quinze anos, com baias separadas em um escritório, três ou quatro jornalistas em suas respectivas mesas, estagiários que cursam jornalismo, uma sala separada com o coordenador de imprensa e outra com o assessor-chefe. Em alguns casos você também encontraria dois fotógrafos para apoiar em eventos e estruturas maiores, algum publicitário e designer gráfico no time. A elaboração de *press releases*, sugestões de pauta e *press kits*; relacionamento formal e informal com os pauteiros, repórteres e editores da mídia; acompanhamento de entrevistas de suas fontes; organização de coletivas; edição de jornais, revistas, sites de notícia e material jornalístico para vídeos, gestão e atualização de *mailing* e *clipping* de notícias, eram, até então, algumas das atribuições deste time.

A relação assessoria-assessorado, assessoria-repórter, assessoria-fonte, e até mesmo assessorias com outras assessorias institucionais para alinhar estratégias de comunicação era o que mais importava para planejar e divulgar cada conteúdo.

Após o fortalecimento das mídias digitais, a assessoria de imprensa ganhou um novo poder e escalabilidade, o que trouxe a possibilidade de se relacionar com um público mais amplo, ganhar maior visibilidade e construir uma comunicação institucional mais personalizada. Neste contexto de evolução da tecnologia e a popularização das redes sociais, a assessoria de imprensa passou a se adaptar a esses novos canais de comunicação. A nova assessoria de imprensa tornou-se multicanal e com um novo objetivo: engajamento com o público-alvo.

O marketing de conteúdo e de influência ganharam mais espaço e as equipes de assessoria dos últimos cinco a dez anos passaram a ser compostas, também, por profissionais do marketing, especialistas em tráfego e redatores, e equipes remotas espalhadas pelo Brasil. Fotógrafos, em alguns casos, acabaram sendo substituídos por *videomakers* e produtores de materiais audiovisual para redes sociais.

A estrutura da comunicação organizacional começou a se atualizar para que dentro da comunicação institucional houvesse esse "espaço multidisciplinar", com novas funções para adequar ao planejamento macro de comunicação com cada uma dessas mudanças e simultaneamente ao "*boom*" digital. Para que se tenha uma ideia, de acordo com o Relatório Global de Inteligência de Mídia da eMarketer de 2022, o público brasileiro está em 2º lugar no *ranking* mundial de quem utiliza o maior número de redes sociais por mês: são em média 8,4 redes ativas, ficando atrás apenas da Índia, que tem uma média de 9,1 redes ativas por usuário. Para exemplificar, na prática, essa linha do tempo e como o Brasil chegou nesse patamar, faremos um recorte com uma rede que foi pioneira e muito presente nas assessorias de imprensa, principalmente entre 2010 e 2015: o Twitter.

3.3 Twitter, o atual X

O Twitter foi lançado em 2006, mas só chegou ao Brasil em 2008, onde abriu escritório oficialmente em 2017. Em 2010, a rede social já tinha mais de 10 milhões de usuários e o público predominante eram os jovens. A rede cresceu popularmente em grandes momentos no Brasil, desde eleições e protestos até a Copa do Mundo. Atualmente, o Twitter, denominado X, é uma das redes sociais mais populares no Brasil.

O valor do Twitter para os assessores de imprensa, sem dúvida, era e ainda é a denominada "comunicação em tempo real". Prática feita, nas assessorias de imprensa, com o auxílio diário do *clipping* de notícias. A relação entre Twitter e jornalistas cresceu e chegou ao ponto de gerar diversas polêmicas entre grandes meios de comunicação internacionais. No caso do Twitter, por exemplo, o *clipping* coleta todos os principais *"tuítes"* que citaram determinada pessoa ou marca, em uma semana ou período determinado pelo chefe da assessoria. Essa prática, antes feita manualmente, foi tomando outras formas com o avanço da tecnologia. Vamos destacar o *clipping* automatizado, *clipping* em tempo real e *clipping* baseado na análise de sentimento.

- *Clipping* **automatizado:** Essas ferramentas utilizam inteligência artificial e *machine learning* para identificar e coletar artigos de notícias, postagens nas redes sociais e outros conteúdos relevantes para uma organização. O *clipping* automatizado pode ser realizado em grande escala, o que permite às organizações acompanhar uma ampla gama de canais de comunicação.

- *Clipping* **em tempo real:** Essas ferramentas permitem às organizações monitorar a mídia em tempo real, identificando rapidamente qualquer conteúdo relevante. O *clipping* em tempo real é importante para as organizações que precisam estar cientes de quaisquer notícias ou desenvolvimentos que possam afetar suas operações ou reputação.

- **Clipping baseado em análise de sentimento:** Essas ferramentas utilizam processamento de linguagem natural para identificar o sentimento positivo, negativo ou neutro de um conteúdo. O *clipping* baseado em análise de sentimento pode ajudar as organizações a identificarem oportunidades e ameaças potenciais, bem como avaliarem a eficácia de suas campanhas de comunicação.

Todo o esforço para monitorar de maneira qualitativa e quantitativa é para ajudar a medir o impacto e a influência daquela determinada empresa e seus assuntos mais significativos. Por isso, a assessoria de imprensa acaba por assumir outro papel fundamental, justamente na gestão de crises. Ela funciona, exatamente, como um canal de conexão recorrente, sendo essencial para direcionar a narrativa durante situações de crise. Por exemplo, uma empresa de produção bovina, que exporta carne para diferentes países, acaba de descobrir que alguns de seus lotes estão contaminados com um tipo de doença animal e deverá ser proibida a comercialização. Imagina a quantidade de pessoas impactadas com uma situação dessas!

Nesta hora, profissionais da comunicação institucional tornam-se verdadeiros guardiões da reputação daquela marca. E isso só é possível por meio de um constante relacionamento e relação de confiança entre assessores e repórteres. Seja para respeitar o *"timing"* da divulgação, seja para construir uma narrativa estratégica e transparente, mas que ao mesmo tempo não cause problemas ainda maiores, ou até mesmo para dar um espaço para a empresa se explicar e o porta-voz ter espaço de fala. Tudo isso é cuidadosamente orquestrado para gerenciar a forma como essas notícias serão veiculadas. Situações como essa são oportunidades de integração entre a comunicação interna e externa. E o primeiro passo é o alinhamento com as lideranças e porta-vozes da empresa ou organização pública. Para isso existe uma tática utilizada nas assessorias de imprensa, chamada de *media training*. Nada mais é do que um treinamento de mídia que prepara indivíduos ou organizações para interações com a imprensa e o público. O foco é desenvolver os participantes com as habilidades e conhecimentos necessários para se comunicarem de forma eficiente em diversas circunstâncias, seja em uma entrevista coletiva ou palestras e aparições públicas.

Fica a dica: Integração da comunicação interna e assessoria de imprensa

A comunicação interna pode fornecer informações sobre um novo produto ou serviço que a organização está lançando. Essa informação pode ser utilizada pela assessoria de imprensa para elaborar um *release* que seja divulgado para a mídia.

Por outro lado, a assessoria de imprensa pode fornecer informações sobre um evento que a organização está realizando. Essas informações podem ser utilizadas pela comunicação interna, com o intuito de divulgar o evento para os colaboradores.

É comum alguns erros acontecerem na hora de construir uma assessoria de imprensa para a sua marca. Vamos conhecer cinco deles:

#1 Descuido na antecipação de possíveis crises, por não ter um plano de contingência adequado.

#2 Ausência de transparência, clareza e coerência nas mensagens transmitidas à imprensa.

#3 Falta de estudo sobre os principais interesses da mídia e construção de estratégias pouco eficazes.

#4 Descuido nos relacionamentos com jornalistas e veículos de comunicação.

#5 Deixar de responder rapidamente às solicitações da imprensa, dando espaço para divulgações equivocadas sobre determinado assunto.

Vamos entender melhor outro público, destaque na hora de pensar na comunicação institucional da sua marca, os ex e futuros colaboradores. É a força do *Employer Branding* ou a chamada Marca Empregadora que chegou para ficar.

3.4 *Employer branding* e a reputação das organizações

Segundo estudo realizado pela Robert Half em 2023, o Brasil lidera o índice de rotatividade de funcionários em todo o mundo, com 56% de *turnover*. O estudo utilizou dados do Cadastro Geral de Empregados e Desempregos (Caged). Depois da pandemia decorrente da COVID-19, o desafio de atrair e manter talentos nas organizações ficou ainda maior. E quanto custa isso para as organizações?

Imagem 8 – Dados que demonstram o impacto de alta rotatividade

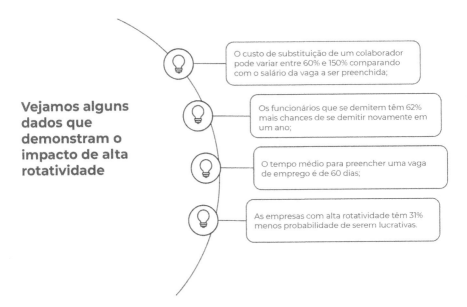

Fonte: elaborado pela autora (2024).

São essas e muitas outras consequências que poderíamos analisar ao aprofundar sobre relações de trabalho, permanência ou não dos colaboradores nas empresas. O fato é que depois da pandemia de COVID-19 o impacto na economia global e na dinâmica de diversas organizações foi imenso. Antes da pandemia, o índice de *turnover*, no Brasil, era de 28%, isto é, o indicador literalmente dobrou.

Um dos fenômenos pós-pandemia foi uma mudança no perfil dos trabalhadores, que passaram a valorizar mais aspectos como flexibilidade, o bem-estar e o propósito no trabalho. Além de aumentar a busca pelo trabalho remoto ou híbrido, que também é um dos fatores-chave para atrair talentos na hora do recrutamento. E para se comunicar com possíveis "futuros colaboradores" e atrair talentos em um mercado ainda mais competitivo, uma nova estratégia, derivada do *branding*, ganha cada vez mais destaque nas estratégias de comunicação corporativas.

Branding é um processo de construção e gerenciamento da identidade de uma marca, isto é, todas as estratégias para deixar uma marca cada vez mais forte e bem posicionada diante dos consumidores, e que ao mesmo tempo gere valor para as empresas. Para 54% dos consumidores, o conjunto de elementos da identidade de uma marca são fatores significativos, como mostra um estudo realizado pela plataforma Guia dos Melhores de 2023. Na pesquisa, 26,40% mencionam o quanto é importante "se identificar com a marca". Tendo em vista a força e o poder do *branding*, na hora de vender produtos (assunto que vamos aprofundar ainda mais em nosso próximo capítulo), as empresas começaram a olhar para uma nova oportunidade de visibilidade e atração de talentos, por meio de uma marca empregadora forte e que busca fortalecer a credibilidade, através de ações e divulgação dessas atitudes de cuidado e responsabilidade com o colaborador, e não apenas em vender ótimos produtos, serviços e uma marca de "*status*".

3.5 Quando o "cliente" é um futuro colaborador

O foco do *employer branding* é justamente disseminar, de maneira coerente e consistente, uma narrativa positiva sobre a cultura organizacional, valores, oportunidade de crescimento, práticas que coloquem o colaborador como centro de toda a organização.

Na pré-pandemia, a experiência do colaborador era mais orientada para todo o contexto de interações presenciais, rotinas e práticas de cultura corporativa e até mesmo o ambiente físico, em aspectos como ergonomia, ambiente físico laboral adequado etc. Depois disso, o trabalho remoto passou a ser utilizado em diversas organizações, abrindo novas necessidades para melhorar o foco, a atenção e o sentimento de pertencimento.

De acordo com um estudo da Microsoft de 2021, 70% dos funcionários gostariam de trabalhar remotamente, pelo menos parte do tempo, no futuro. "O trabalho flexível veio para ficar", "os líderes estão fora de contato com os funcionários e precisam perceber isso", e "o talento está em todo lugar em um mundo de trabalho híbrido" são alguns dos principais *insights* da pesquisa.

Como diz o velho ditado popular "a boca fala do que o coração está cheio". Como uma empresa pode "falar" algo do seu interior de maneira autêntica? Aqui encontramos mais um ponto de interseção entre a comunicação interna e a comunicação externa. E para gerar essa conexão com o mundo profissional, uma rede surgiu de maneira tímida, mas promissora. Estamos falando do LinkedIn, que teve sua primeira versão no Brasil em 2006 e, quatro anos depois, já contava com mais de 10 milhões de usuários. No mundo, a rede bateu o recorde de 1 bilhão de usuários se consolidando como a maior rede social corporativa do planeta. A rede pode ser utilizada para fortalecer a marca pessoal de qualquer profissional com um perfil ativo, mas também o posicionamento institucional de marcas que escolheram ter um perfil corporativo.

As empresas passaram a encontrar profissionais qualificados e com celeridade, após conectarem seu banco de talentos ao sistema de busca da rede. Um dos recursos que fez com que a rede expandisse rapidamente foi o uso do *mobile* e da Inteligência Artificial (IA), que recomenda conteúdos específicos, de acordo com análise de dados e comportamento do usuário.

O LinkedIn começou a se destacar também pelos recursos de produção de eventos de áudio, além de vídeos e enquetes. Diversos *C-Levels* utilizam os recursos da plataforma para fortalecer sua imagem e reputação no mercado. Para promover uma comunidade de usuários cada vez mais engajada, o LinkedIn criou o Programa Editoriais. É uma oportunidade gratuita para profissionais que desejam melhorar suas habilidades de criação de conteúdo para o LinkedIn. A jornada do programa envolve desde como escrever de forma clara e concisa até maneiras de medir o sucesso do conteúdo produzido.

3.6 Influencers e top voices

LinkedIn, tradicionalmente conhecido como uma plataforma focada em *networking* profissional e busca de emprego, vem se abrindo cada vez mais para a figura dos *influencers*. Esses profissionais estão conquistando espaço na rede social ao compartilharem conhecimento, *insights* e experiências valiosas em suas áreas de atuação, atraindo um público engajado e ampliando sua rede de contatos.

Já o *Top Voices* é um programa apenas para convidados com um grupo global de especialistas no LinkedIn, cobrindo uma variedade de tópicos em todo o mundo profissional, ajudando os usuários a descobrirem conhecimentos valiosos e relevantes para eles. O *Top Voices* era chamado de programa *Influencer* antes de outubro de 2022.

Os *influencers* do LinkedIn não precisam ser necessariamente celebridades ou figuras públicas. Empreendedores, profissionais de RH, especialistas de marketing e tecnologia, líderes corporativos são alguns dos principais perfis encontrados na rede. Entre diversos *influencers* dessa rede, selecionei cinco que estão ganhando cada vez mais destaque e que impulsionam a marca de pessoas e a marca empregadora de empresas.

- **Aline Barbara de Oliveira**: além de ser uma professora reconhecida, é também especialista em LinkedIn e divulga com recorrência conteúdos ricos sobre como ter um perfil campeão na rede. O foco da Aline é ajudar pessoas a ganharem força com a sua marca pessoal. São mais de 20 mil seguidores que acompanham suas novidades. E Aline foi além do *Top Voice* e conquistou o *Community Top Voices*. Um dos seus principais temas é sobre diversidade geracional.

- **Priscilla Couto**: foi LinkedIn *Top Voice* Carreira em 2021. Ela é especialista em orientar mulheres que querem fazer transição de carreira ou ir para outro patamar em sua vida profissional. Quase 80 mil pessoas seguem Priscilla e o objetivo de trabalho também ganhou muito destaque na comunidade de líderes, criadores e profissionais negros. Inclusive faz parte da Comunidade Forbes BLK.

- **Richard Heiras**: ocupa a posição de número 23 em um ranking com os 200 maiores influenciadores do Brasil, no LinkedIn, em 2023. Foi escolhido pela Favikon – agência de marketing digital internacional, situada em Paris, na França. Ele é integrante do "LinkedIn Creator", programa oficial da rede para criadores de conteúdo. Sua rede, com mais de 170 mil conexões no LinkedIn, ajuda diversos profissionais e empresas a respeito de temas como liderança humanizada, mentalidade de sucesso e engajamento de colaboradores.

- **Jorge Luiz Ferreira**: tem seu foco em conscientizar por meio de consultorias, palestras, eventos e conteúdos que o RH sabe fazer *networking* e também entende de negócios. Por meio do LinkedIn fortalece, a cada dia, assuntos relevantes para diversos profissionais de RH. Recebeu o prêmio *Big Voices In* em 2023 e segue com uma comunidade de mais de 30 mil pessoas no LinkedIn.

- **Léo Kaufmann**: é conhecido pelo jeito irreverente de falar sobre o mundo corporativo, cativando milhares de pessoas com suas reflexões e conteúdos. É o 10º LGBT+ mais seguido e o 163º criador mais influente do LinkedIn Brasil, com uma rede de 70 mil seguidores. Léo está fazendo história também como *host* do RH Summit, o maior evento *online* para profissionais de RH da América Latina.

Top Voices é um programa apenas para convidados com um grupo global de especialistas no LinkedIn, cobrindo uma variedade de tópicos em todo o mundo profissional, ajudando os usuários a descobrirem conhecimentos valiosos relevantes para eles. O *Top Voices* era chamado de programa *influencer* antes de outubro de 2022. Esse movimento de *influencers*, do mundo do RH, acaba por movimentar as empresas para fortalecerem suas ações e cuidado com o colaborador, ganhando mais visibilidade e sendo atrativa para talentos diferenciados.

> **Para se tornar um *influencer* do LinkedIn é importante seguir algumas dicas:**
>
> • Crie um perfil profissional completo e atualizado;
>
> • Produza conteúdo de qualidade;
>
> • Seja ativo e interaja com seus seguidores. Isso ajudará a criar uma comunidade forte e engajada.
>
> **Ser um *influencer* do LinkedIn oferece diversas vantagens, como:**
>
> • Visibilidade e alcance: os *influencers* do LinkedIn têm a oportunidade de alcançar um grande número de pessoas, o que pode ser uma ótima maneira de promover sua marca pessoal ou profissional.
>
> • Influência: os *influencers* do LinkedIn têm a capacidade de influenciar as opiniões e comportamentos de seus seguidores.
>
> • Oportunidades de negócios: os *influencers* do LinkedIn podem aproveitar sua influência para gerar oportunidades de negócios, como parcerias, palestras e consultorias.

3.7 EVP como diferencial competitivo

Diante da necessidade de atrair e reter talentos, a comunicação interna e o endomarketing tornam-se cada vez mais necessários, além do suporte tecnológico e a busca constante por um trabalho cada dia mais inclusivo. E, para que isso aconteça, nada melhor do que estruturar uma proposta de valor ao empregado ou a *Employee Value Proposition* (EVP) e disseminá-la de forma recorrente, tanto interna, quanto externamente.

A EVP abarca todos os benefícios, sejam tangíveis ou intangíveis, que a empresa oferece aos seus funcionários, indo muito além do salário. Isso inclui todas as oportunidades de desenvolvimento humano e profissional, plano de carreira, qualidade de vida, auxílios e incentivos que vão além do básico. Até mesmo a relação entre o negócio da empresa e o cotidiano do colaborador podem estar presentes na EVP. Por exemplo, um hospital pode oferecer aos seus colaboradores acesso gratuito às consultas e desconto em procedimentos e exames. Ou um banco, pode oferecer uma taxa de juros diferenciada aos funcionários que são correntistas. E até mesmo um supermercado, pode dar um desconto especial em produtos para seu time de funcionários. Isso contribui tanto para a experiência do produto ou serviço quanto gera um sentimento de cuidado e valorização.

A construção de uma EVP forte e atrativa envolve entender, profundamente, o que torna aquela organização um lugar diferenciado para se trabalhar, e acaba por encher os olhos tanto dos colaboradores quanto de possíveis futuros funcionários.

Vamos entender abaixo como desenvolver uma comunicação institucional vinculada com a EVP da marca e, assim, garantir a divulgação de maneira eficaz em uma estratégia de *employer branding*.

Passo 1 – Realize pesquisas internas e externas

Busque as percepções dos funcionários atuais, candidatos e até mesmo ex-colaboradores sobre a empresa. Faça perguntas como: O que te atraiu nesta vaga? O que te marcou na sua experiência ao trabalhar conosco? O que faz você querer permanecer na nossa empresa/organização pública?

Passo 2 – Mapeie os diferenciais da sua cultura interna

Construa um calendário de conteúdos em suas redes sociais corporativas de forma que "dê holofote" aos tópicos mais citados na sua pesquisa, isto é, aqueles assuntos que vão encher os olhos e gerar desejo de profissionais por trabalhar naquele determinado lugar.

Passo 3 – Construa uma narrativa clara

Mensagens-chave devem ser feitas de maneira objetiva e com os canais de comunicação que sejam mais estratégicos.

Passo 4 - Determine o site de carreiras mais adequado

Estude as vagas que você quer divulgar e onde esse tipo de profissional está consumindo mais conteúdo. Basta lembrar que não é suficiente ter apenas o site, mas também fazer o reforço das divulgações nas redes sociais. Existem tipos de pessoas e até mesmo de gerações que estão mais presentes no Instagram, outras no LinkedIn, outras no Facebook e por aí vai.

Passo 5 - Estude a concorrência

Isso mesmo! Caso você queira atrair profissionais diferenciados, é fundamental analisar como os concorrentes da sua marca estão se comportando e atraindo talentos. Seja por meio de notícias, análise das redes sociais e até mesmo análise do que os colaboradores destas marcas estão publicando, é essencial construir um *portfólio* de *insights*, até mesmo para embasar as suas sugestões em um plano de ação. Estar presente em eventos também ajuda a fomentar *networking* a se manter atualizado sobre o que está em alta no mercado.

Passo 6 - Crie programas de indicação

Busque incentivar os colaboradores a indicarem pessoas para vagas na empresa. Para engajar, ofereça recompensas financeiras ou bônus de qualidade de vida e mimos diferenciados.

Passo 7 - Foque em parcerias poderosas

Selecione universidades e programas de estágio, além de organizações comunitárias para sua marca estar sempre presente. Isso ajuda a abrir portas para indicação de diversos talentos, além de fortalecer o relacionamento institucional.

Passo 8 - Avalie e faça ajustes de forma recorrente

De nada adianta uma estratégia de EVP e construção de marca empregadora engessada e escrita em pedra. De maneira periódica, a cada três meses, se possível, faça uma análise dos resultados de seu engajamento nas publicações e revise comentários e práticas que estão sendo mais atrativas e outras que podem ser alteradas. Isso vai garantir uma estratégia inovadora.

3.8 Multiplicadores internos, liderança informal e a marca empregadora

Uma estratégia cada vez mais utilizada nas organizações é a construção de programas de multiplicadores internos (MIS), isto é, aqueles colaboradores que ajudam a disseminar conhecimento e melhores práticas na empresa internamente.

Os MIS são agentes importantes no processo de gestão do conhecimento, pois colaboram de diversas maneiras para que todos os colaboradores tenham ciência das informações mais relevantes e estratégicas. Seja para treinar os novos funcionários ou para ajudar os colaboradores a se desenvolverem em suas carreiras, seja para comunicar mudanças importantes na política ou estratégia da marca e até mesmo para promover mais colaboradores e compartilhar ideias e experiências.

A construção de um programa de multiplicadores internos é uma oportunidade de integração maior entre a área de gestão de pessoas e comunicação social, pois para selecionar esses profissionais é necessário ter em mente alguns critérios e habilidades, tais como experiência no assunto, capacidade de comunicação clara e de relacionamento interpessoal.

As empresas podem identificar multiplicadores internos de várias maneiras, seja pela recomendação de gerentes, pela análise do plano de desenvolvimento individual ou pelo voluntariado espontâneo do colaborador. Uma das principais habilidades dos MIS é justamente a liderança informal que exercem em seu ambiente de trabalho. Vamos entender melhor sobre liderança informal?

3.9 O poder da liderança informal nas organizações

Em resumo, a liderança informal é a capacidade de influência e motivação de um determinado colaborador e que é totalmente independente de um cargo específico. Um estudo da Forbes descobriu que 70% dos funcionários seguem um líder informal. Já a Deloitte descobriu que os líderes informais têm um impacto positivo na satisfação no trabalho, produtividade e inovação. E, o mais surpreendente, uma pesquisa da *Harvard Business Review* descobriu que os líderes informais são frequentemente mais influentes do que os líderes formais.

Os principais sinais de uma liderança informal é a admiração por seus colegas e o quanto eles contribuem para toda a cultura organizacional. Para identificar esse colaborador, é necessário ser um excelente especialista no seu campo, além das habilidades de comunicação interpessoal e uma boa reputação dentro da organização, em especial por conseguirem estabelecer relações de confiança.

> **Confira três benefícios da liderança informal nas organizações:**
>
> #1 Quebrar barreiras e construir pontes entre diferentes departamentos e até mesmo dentro do seu próprio time de trabalho.
>
> #2 Os colaboradores que trabalham com um líder informal por perto podem se sentir mais comprometidos e satisfeitos com a organização.
>
> #3 Os líderes informais podem ser grandes aliados na inovação dentro das empresas e organizações públicas.

A missão das empresas é justamente aproveitar e potencializar essas lideranças. Seja fornecendo oportunidades de desenvolvimento, recompensando ou incluindo esses profissionais nas tomadas de decisão. Outra forma é investindo em mentorias e cursos específicos. O programa de multiplicadores internos, por exemplo, pode se tornar até mesmo uma "escola" para esses profissionais se desenvolverem ainda melhor.

Para começar um programa de multiplicadores internos, é necessário ter alguns requisitos, como um objetivo claro e metas realistas; habilidades básicas necessárias dos multiplicadores; clareza e comunicação com todos os membros do programa, para que compreendam a sua missão e o monitoramento e avaliação constantes do programa. Uma cultura interna forte e a comunicação institucional cada vez mais integrada aos programas e projetos da organização geram um fenômeno que vai além dos multiplicadores internos. Estamos falando dos embaixadores da marca no contexto do *employer branding*.

De acordo com uma pesquisa realizada pela Edelman em 2023, 84% dos brasileiros confiam mais em recomendações de pessoas que conhecem do que em anúncios. A pesquisa também ressalta como os brasileiros estão mais inclinados a acompanharem embaixadores de marca por meio das redes sociais. Nesse contexto, as organizações começaram a perceber que os próprios colaboradores, de forma até mesmo espontânea, já faziam algumas publicações sobre suas respectivas experiências nas organizações. Seja por estar iniciando em um novo trabalho, seja por elogiar uma ação comemorativa da empresa ou até mesmo sua liderança.

Algumas empresas trabalham com multiplicadores internos de maneira tão estruturada que muitos se transformam em fortes embaixadores. O caminho inicial para identificar esses profissionais começa por analisar as redes sociais dos colaboradores, com o intuito de identificar os tipos de conteúdos que estão fazendo sobre a organização e fazer pesquisas com os funcionários para identificar os que deixam *feedbacks* de maneira aberta e construtiva para toda a organização. Esses são os denominados embaixadores (espontâneos) de marca. Aliados fortes no *employer branding* para melhorar e disseminar a percepção positiva da marca para diversos públicos no mundo digital. *Employee advocacy* é o nome que se dá a essa prática, na qual colaboradores compartilham conquistas, valores e cultura das organizações. Inclusive existem marcas premiadas por suas estratégias de *employee advocacy*, tais como Amazon, Spotify, Salesforce e Adobe.

De forma geral os critérios para selecionar as melhores práticas, incluem o impacto da marca empregadora, o número de pessoas impactadas e toda a estratégia utilizada na campanha. Por outro lado e independente de premiações, diversas empresas de pequeno, médio e grande porte promovem diariamente ações *on* e *offline*, que reforçam o valor da sua marca em diversos contextos como:

- Um colaborador que mostrou um treinamento que participou e postou em seu LinkedIn;

- Uma equipe de atendimento ao cliente que bateu uma meta e decidiu tirar uma foto e publicar a conquista em seus *stories* do Instagram;

- Um especialista que foi palestrante de um evento e citou a empresa colocando práticas ou resultados daquela marca como destaque;

- E até mesmo falando bem da empresa para amigos, familiares ou algum colega.

A assessoria de imprensa pode desempenhar um papel importante no *Employer Branding*, inclusive, é um aliado ao criar uma narrativa positiva sobre a cultura organizacional, valores e oportunidades de crescimento, destacando esses aspectos para atrair profissionais alinhados com a empresa. Juntas, essas áreas ajudam a fortalecer a reputação da empresa no mercado de trabalho.

Em resumo, essa presença da marca, de forma positiva e consistente nas redes sociais, acaba criando verdadeiras provas sociais sobre a credibilidade daquela organização como um ótimo local para se trabalhar. Isso é uma evidência da transparência da empresa ou organização pública. Aspectos importantes para fortalecer a responsabilidade social corporativa. Agora, veremos o último tópico deste terceiro capítulo. Vamos adiante?

3.10 Responsabilidade social corporativa e a comunicação organizacional

O *employer branding* é justamente a gestão da imagem da empresa ou organização como uma marca empregadora de sucesso. Diferentemente da responsabilidade social corporativa (RSC), que envolve ações das empresas para contribuir de diversas formas com a sociedade. Ao integrar práticas de RSC ao plano estratégico e operacional das organizações, uma nova porta para atração de talentos se abre, e são justamente aqueles profissionais conectados com propósito e impacto social. A partir do momento que uma empresa passa a se engajar em causas sociais, ela comprova que seu trabalho vai além do lucro.

A RSC é, antes de mais nada, um compromisso das empresas em contribuir para o desenvolvimento econômico sustentável, trabalhando com os funcionários, suas famílias, comunidade local e a sociedade em geral, para melhorar sua qualidade de vida, de acordo com o Conselho Mundial Empresarial para o Desenvolvimento Sustentável.

Para ajudar a compreender na prática como a RSC funciona, vamos pensar em uma grande empresa produtora de chá, denominada Tea Lovers. Essa empresa tem um desafio e precisa formular os objetivos estratégicos que serão conquistados por meio de um plano de RSC. Entre eles temos a disseminação da importância da RSC na cultura interna da empresa e o fortalecimento da imagem institucional e reputação dessa empresa junto aos seus diversos *stakeholders* externos. Esse é um desafio claro que integra entre trabalho com a cultura interna e mapeamento de *stakeholders* estratégicos, tendo como cenário diversas possibilidades de impacto social por meio de uma comunicação organizacional integrada e conectada com as principais inovações no mercado.

Tendo em vista o impacto social que as práticas de RSC causam nas comunidades (tanto interna quanto externa), entendemos que o cuidado com os funcionários, se estendendo a sua família e comunidade, é essencial para cultivar a RSC de maneira genuína. Focar nas pessoas, neste contexto, significa trabalhar na melhoria das condições trabalhistas, junto aos trabalhadores e seus representantes de forma contínua. Nesse desafio da Tea Lovers, o cuidado e o foco nas pessoas, deve ser a base de todo o trabalho.

No que diz respeito aos trabalhadores, isso se consegue facilitando condições de trabalho seguras e saudáveis, garantindo a liberdade de associação, a não discriminação nos processos de seleção de pessoal, valorizando a diversidade e o não uso, de maneira direta ou indireta, de mão de obra forçada ou infantil, facilitando o acesso básico à saúde, educação e moradia de seus trabalhadores e famílias que, por qualquer motivo, não as têm. Quanto à comunidade, a empresa deverá garantir o cumprimento dos Direitos Humanos, trabalhando para proteger o modo de vida de comunidades locais.

– Dedicação total à satisfação dos clientes

A prática de RSC fortalece a lealdade ao cliente, satisfazendo suas necessidades, começando por fornecer um lugar onde possam transmitir suas queixas e desejos. A empresa passa a ter credibilidade.

A empresa que se mostra respeitosa com as pessoas, comunidades, meio ambiente e sociedade em geral, ganha uma reputação que permite maior sustentabilidade, reduzindo riscos e antecipando situações que a possam afetar, o que, por sua vez, leva a maior confiança. Por isso, a prática está ligada com o valor da Tea Lovers de proporcionar total satisfação aos clientes.

– Comunicação e transparência

O valor de Comunicação e Transparência da Tea Lovers deverá estar totalmente relacionado com as práticas de RSC. As informações publicadas deverão ser verídicas, completas e acessíveis, incluindo não somente o positivo, como também os aspectos a melhorar, os quais a empresa se compromete a alcançar.

As informações divulgadas devem ir além de financeiras e contábeis, mas também estão relacionadas com a filosofia de empresa, com o impacto ambiental e a promoção dos Direitos Humanos, respeitando o direito fundamental da proteção de dados, entre outros exemplos.

Uma vez implementado um correto governo corporativo, a elaboração e implantação de uma estratégia social, a medição e controle das variáveis de gestão socialmente responsáveis, a verificação informativa e a certificação de processos, conforme os padrões de sustentabilidade são fundamentais para a aplicação de um plano ou política de comunicação que chegue à opinião pública e apresente as conquistas alcançadas.

Repensar a política de comunicação corporativa, por exemplo, é um dos pontos-chave para reorganizar a dinâmica da comunicação interna e externa. Uma política de comunicação corporativa é um documento que define os princípios e diretrizes que orientam as atividades de comunicação de uma organização. Ela deve ser clara, concisa e fácil de entender, e deve ser alinhada com os objetivos estratégicos da organização.

– Autonomia com responsabilidade e ética

Favorecer a iniciativa, a autonomia e a criatividade no trabalho deverá ser uma das premissas da nossa empresa fictícia, Tea Lovers. Consideramos como boas práticas a promoção do trabalho em equipe, novas formas de organização do trabalho baseadas em modelos participativos, prestando atenção, na medida do possível, às ideias e sugestões que possam aportar seus trabalhadores. Isso tudo tendo por base o Código de Ética da empresa.

Segundo a AECA (Associação Espanhola de Contabilidade e Administração de Empresas), entende-se por investimento socialmente responsável aquele que incorpora considerações éticas, sociais ou meio ambientais às financeiras, na tomada de decisão de investimento, tanto pela empresa como pelos agentes inversores externos. Neste contexto, a Tea Lovers busca, com autonomia, responsabilidade e ética, apoiar instituições que vão de encontro aos seus princípios e que gerem impacto social, ambiental, cultural e econômico.

– Inovação e aprendizagem contínua

Favorecer um ambiente que promova a inovação e formação contínua e que assegure qualificação, crescimento intelectual, desenvolvimento profissional na empresa e "empregabilidade" futura. Essa é uma atividade essencial, especialmente, em empresas implantadas em países em vias de desenvolvimento, como o Brasil, já que, com isso, se facilita e promove a geração de capital humano.

3.11 Comunicação Integrada e RSC

Em um contexto fictício, como da Tea Lovers, para tratar a transparência e comunicação integrada de maneira correta, utilizam-se 8 ferramentas básicas de disseminação da informação, conforme o exemplo abaixo:

- Código ético: é a manifestação explícita dos compromissos e do posicionamento da empresa frente à responsabilidade social e ecológica;
- Informes internos de RSC divulgadas por e-mail e/ou intranet;
- Live marketing mensal com os colaboradores (conexão Tea Lovers);
- TV corporativa ou mural digital;
- *Website* da Tea Lovers;
- Mídias sociais da empresa (YouTube, Instagram, Facebook, LinkedIn);
- Auditoria ética: instrumento de avaliação e análise com a finalidade de comprovar que a empresa cumpre com sua responsabilidade;
- Relatório anual de sustentabilidade: memórias de sustentabilidade da Tea Lovers, que compila o impacto social gerado ao longo de todo o ano.

Para ajudar a deixar ainda mais concreto o nosso exemplo, podemos definir um calendário de campanhas de mobilização da Tea Lovers, ao longo de 12 meses. Isso para reforçar, de maneira consistente, o seu compromisso com os valores de RSC.

Imagem 9: Exemplo de calendário de campanha Tea Lovers

JANEIRO
Saúde emocional com o Janeiro Branco: campanha de prevenção contra a síndrome de *Burnout*, para promover práticas saudáveis que ajudem a resguardar a saúde e a qualidade de vida no trabalho. Priorizar equipes que vivem sob alta pressão, tal como atendimento e vendas.

FEVEREIRO
Projeto Conheça a Produção Tea Lovers: disseminação de informações sobre as comunidades produtoras dos chás e incentivo dos funcionários administrativos para se conectarem com as comunidades rurais produtoras. Convite para conhecerem também unidades produtoras de produtos orgânicos, com o objetivo de fazer um *benchmarking* e despertar o olhar para a sustentabilidade na produção dos chás.

MARÇO
Em homenagem ao dia internacional da mulher, a campanha será Mulheres na Agricultura, com a convidada do Conselho Mundial Empresarial para o Desenvolvimento Sustentável, para conversar com os funcionários e parceiros sobre o poder da mulher no campo e o impacto da produção de chás para todo o mundo. Mais uma oportunidade de despertar o olhar para a sustentabilidade.

ABRIL
Campanha eNPS Tea Lovers – queremos escutar você! A pergunta chave será: De 0 a 10, qual a probabilidade de você recomendar a Tea Lovers, para um colega, como um bom lugar para se trabalhar?

MAIO
Campanha Mães que Trabalham, incentivando o papel das mães como profissionais e sua inserção no mercado de trabalho.

JUNHO
Campanha Sementes do Amanhã: incentivo à produção orgânica de chás, para promover as práticas ecológicas e sustentáveis adotadas pela Tea Lovers. Reforçar práticas sustentáveis dentro da empresa, e convidar a imprensa especializada em assuntos de sustentabilidade e ONGS para conhecerem os novos produtos. Divulgação por e-mail aos clientes da ação social de investimento financeiro Sementes do Amanhã, para incentivar comunidades produtoras dos chás orgânicos.

JULHO
Importância da inclusão de pessoas com diversas orientações sexuais no corpo de colaboradores da Tea Lovers. Convidar especialistas em Direitos Humanos para abordar o tema Diversidade e Responsabilidade Social para que disseminem a importância de dar voz para esse público, muitas vezes, excluído.

AGOSTO
Campanha Memórias Inesquecíveis Pais e Filhos: para promover a paternidade e os momentos em família.

Capacitação sobre o voluntariado corporativo pela equipe Sonhar e Viver, que promove ações de formação humana de valores fundamentais e inclusão social de crianças em situação de vulnerabilidade. Divulgação e campanha de Workshop sobre voluntariado corporativo.

SETEMBRO
Campanha Viva a Natureza e Cuide da Saúde Mental (Setembro Amarelo) + Valorização das pessoas com deficiência e como elas lidam com a saúde mental: evento que promove a saúde emocional, qualidade de vida e a importância do contato e harmonia com a natureza para uma vida equilibrada. Organização de trilhas ecológicas educativas em zona rural com os colaboradores.

NOVEMBRO
Novembro Azul – vencedores do combate ao câncer de próstata (Depoimentos em vídeo de homens que venceram o câncer).

OUTUBRO
Outubro Rosa pelo mundo, um recorte de práticas usadas nos 4 cantos do mundo para prevenção do câncer de mama. Disseminação semanal de assuntos informativos sobre o tema.

DEZEMBRO
Campanha realizando experiências únicas: Dia de Sonho da ONG Sonhar e Viver Investimento Financeiro. Apoio com voluntários e apoio financeiro ao Dia de Sonho: um dia de experiência única para crianças em vulnerabilidade social. Aplicação novamente do eNPS na Tea Lovers.

Fonte: elaborado pela autora (2024).

Medição da RSC proposta

Após um ano inteiro de diversas ações é fundamental a construção de um relatório para medir quantas pessoas foram impactadas, quais ações foram feitas e o que pode ser melhorado no ano seguinte. Vale ressaltar os seguintes aspectos que devem estar neste relatório:

Fica a dica

Métricas de RSC:

- Número de publicações internas feitas nos temas RSC;

- Número de eventos em voluntariado corporativo;

- Número de pessoas impactadas em ações sociais;

- Número de colaboradores participantes nestes eventos;

- Número de publicações na mídia que fortaleceram a imagem da Tea Lovers no que está relacionado com RSC;

- eNPS: Comparativo da pesquisa no início e no final do ano.

Esse é um exemplo de como é possível construir um trabalho consistente de comunicação organizacional e RSC. As organizações visam cada dia mais a qualidade e satisfação do cliente, e criam programas de liderança, treinamentos constantes, o que por um lado é bom, mas, por outro, acaba por gerar uma pressão por resultados que, se não for moderada, pode causar uma contínua sensação de desconforto, por se tratar apenas de números, esquecendo o mais importante: os indivíduos. Por isso, a proposta deste plano foi oferecer soluções para disseminação da RSC, que sejam complementares aos objetivos financeiros da organização.

É aí que entra o papel fundamental que a RSC traz para as organizações, o olhar humanizado e que leva as empresas a irem além dos resultados financeiros, e a buscarem um propósito maior e um impacto social positivo por meio do seu negócio. É o compromisso por preservar o meio ambiente e ajudar no desenvolvimento constante da sociedade, com o olhar nos direitos humanos, valorização das minorias e inclusão social.

No contexto pós-pandemia COVID-19, de tamanha incerteza, volatilidade e fragilidade das organizações, torna-se essencial olhar, de forma cuidadosa e estratégica, para os aspectos éticos que permeiam toda a RSC.

3.12 ESG e a comunicação organizacional

Hoje, o trabalho com RSC também tem sido ampliado com o fortalecimento do ESG (Environmental, Social e Governance), que em português quer dizer Ambiental, Social e Governança. É um conjunto de fatores que mede a sustentabilidade de uma empresa, considerando seu impacto no meio ambiente, na sociedade e na governança corporativa.

Para que se tenha uma ideia, um estudo da McKinsey & Company descobriu que as empresas com fortes práticas ESG têm um desempenho financeiro superior às empresas com práticas mais fracas. Já a BlackRock descobriu que os investidores estão cada vez mais interessados em investir em empresas com fortes práticas ESG. E a Boston Consulting Group, após pesquisa, revelou que fortes práticas ESG têm uma força de trabalho mais motivada e produtiva, elevando assim a *performance* organizacional.

A partir do momento que as organizações conquistam um correto governo corporativo, por meio da elaboração e implantação de uma estratégia social, a medição e controle das variáveis de gestão socialmente responsáveis, chegou a hora de levar à opinião pública tais ações. A Tea Lovers, em nosso exemplo, buscou construir uma estratégia orientada, justamente, para a transparência de todas essas conquistas alcançadas.

Diante disso, fica a importância e papel estratégico da instauração e até mesmo da "oficialização" de ótimos canais de comunicação corporativa, que possam justamente jogar "luz" nas práticas e compromissos da empresa em gerar valor para a sociedade. O mais importante é deixar claro que a empresa não tem apenas uma "boa intenção", mas que concretiza e implementa as estratégias e políticas de maneira eficaz.

3.13 A governança corporativa, integridade e o *compliance*

Governança corporativa e *compliance* são dois conceitos que estão cada vez mais interligados. A governança corporativa é o conjunto de princípios e práticas que orientam a gestão de uma organização, garantindo a transparência, a equidade e a responsabilidade. Já o *compliance*, é o conjunto de disciplinas que possibilitam cumprir as normas legais e regulamentares, as políticas e as diretrizes estabelecidas pelas normativas regulatórias, certificadoras e jurídicas que direcionam as práticas dos negócios.

Segundo a pesquisa "Pratique ou Explique: Análise Quantitativa dos Informes de Governança", realizada pelo IBGC, EY e TozziniFreire Advogados, divulgada em 2023, a taxa média de aderência das companhias às práticas recomendadas de governança chegou a 65,3%.

A comunicação organizacional desempenha um papel fundamental no *compliance*, pois é responsável por divulgar as políticas e diretrizes desse programa para os públicos internos e externos, educar os funcionários sobre os riscos de *compliance* e como evitá-los, e promover essa cultura na organização.

As empresas que hoje são destaque em *compliance* são aquelas que adotam uma abordagem abrangente a essa prática, incluindo a governança corporativa, a comunicação organizacional e a cultura de *compliance*. Essas empresas estão comprometidas em criar um ambiente de trabalho, no qual os funcionários sejam encorajados a seguir as regras e reportar violações.

A Nestlé é uma empresa multinacional de alimentos e bebidas que tem uma forte cultura de *compliance* e possui um programa abrangente que engloba todas as suas operações globais, por exemplo.

O Selo Pró-Ética é uma iniciativa do Instituto Ethos e da Controladoria-Geral da União (CGU), que visa reconhecer e divulgar as empresas que adotam boas práticas de integridade e ética. O selo é concedido às empresas que cumprem os requisitos estabelecidos pelo Instituto Ethos e pela CGU, entre eles ter uma cultura de ética disseminada em toda a organização.

Um dos maiores exemplos de empresa que ajuda outras organizações no programa de integridade e *compliance* é a Protiviti. Por meio de serviços e tecnologia, além de ter conquistado o selo 6 vezes consecutivas, a empresa foi fundada em 2002 e tem mais de 7.000 profissionais em 85 escritórios em 25 países. O foco é justamente na gestão de riscos corporativos. E ao pensarmos em gestão de riscos, podemos destacar alguns desafios constantemente presentes no cotidiano das empresas. Para você conseguir visualizar o poder da comunicação organizacional aliada ao *compliance*, coloco abaixo, em destaque, seis riscos corporativos e como é possível preveni-los:

- **Riscos estratégicos**: incluem mudanças no mercado e regulamentações, por exemplo, comunicar com frequência essas atualizações deve ser parte do cotidiano de organizações públicas e privadas.

- **Riscos operacionais**: são aqueles relacionados com desastres naturais, falhas nos equipamentos e até mesmo mudanças na rotina e horários da organização. Vale ressaltar a importância das lideranças formais, tais como supervisor, coordenador ou gerentes para manter o time sempre alinhado.

- **Riscos de conformidade**: envolve o cuidado com violações de privacidade e segurança cibernética, além de políticas internas e normas legislativas. Aqui vale ressaltar a importância do relacionamento com fornecedores.

- **Riscos financeiros**: são aqueles que apontam questões importantes sobre a saúde financeira das organizações. A construção de um canal de comunicação constante com investidores como, por exemplo, um relatório mensal em formato de *e-book* com *insights* e dados estratégicos orientados para alta gestão.

- **Riscos de reputação**: esses riscos são relacionados à percepção pública de uma empresa. Os exemplos incluem escândalos, boicotes e acidentes. Nesse caso, a construção de uma comunidade virtual, relacionamento constante com a imprensa e fomentar um sólido programa de embaixadores de marca são táticas eficazes.

- **Riscos de segurança:** esses riscos estão relacionados com roubo de dados, sabotagem e ataques cibernéticos. Uma boa estratégia de comunicação interna é a organização de testes "surpresa" com gamificação para que as empresas possam estar sempre reforçando a mensagem da importância da proteção de dados para o cliente interno.

Para diferentes riscos foi possível observar diversas estratégias que a RSC oferece, além de diversas táticas para resguardar a credibilidade e reputação das empresas e organizações públicas diante de seus principais *stakeholders*.

3.14 Comitês corporativos, governança e comunicação

Os comitês corporativos são estratégias aplicadas pelas organizações para ajudar a analisar diversos aspectos no contexto da alta administração, por isso são gerenciados por um conselho. É uma prática tão importante para o mundo empresarial que, inclusive, é recomendada pelo Código das Melhores Práticas de Governança Corporativa, do Instituto Brasileiro de Governança Corporativa (IBGC).

Promover um ambiente organizacional cada vez mais transparente, impulsionar a eficiência da gestão em diversos setores e fortalecer a cultura de prestação de contas (*accountability*), são alguns dos ganhos que as organizações podem vivenciar ao construir comitês. Vale lembrar que a comunicação integrada começa pela alta gestão convencida de que isso deve fazer parte do DNA de cada empresa ou organização pública. Segundo o IBGC, a estrutura dos comitês deve ser feita a partir de três temáticas: auditoria, remuneração e riscos. Algumas empresas, inclusive, conseguem ir além e constituir comitês para fomentar a diversidade e inclusão.

Os comitês contra o racismo, por exemplo, são formas de desenvolvimento de políticas e diretrizes antirracistas, podem realizar treinamentos sobre diversidade e inclusão racial, e promover a contratação de pessoas pretas. No Brasil, segundo a Inteligência em Pesquisa e Consultoria Estratégica (Ipec), nove em cada dez pessoas afirmam que pessoas pretas são as que mais sofrem com o racismo. Outro dado relevante diz respeito ao contexto de Pessoas com Deficiência (PCD), no Brasil, e como as empresas estão trabalhando essa temática por meio de canais de comunicação, incluindo comitês de acessibilidade.

Dados do Instituto Brasileiro de Geografia e Estatística (IBGE) estimam que haja, no Brasil, 18,6 milhões de pessoas com deficiência. Desse total, 10,7 milhões são mulheres, o que representa 10% da população feminina com deficiência no país. Diante disso, empresas têm formado grupos de profissionais para resguardar a acessibilidade de comunicação, física (instalações e equipamentos adequados) e até mesmo a acessibilidade digital, por meio de sites e aplicativos adaptados para esse público. Outra forma de melhorar a comunicação é justamente cuidando das mulheres. E isso também é feito com a estruturação de comitês para garantir o bem-estar físico, mental e emocional das mulheres. Campanhas de comunicação orientadas para esse público são ferramentas poderosas para uma comunicação consistente e voltada às temáticas mais sensíveis como violência doméstica, sexual, oportunidades com igualdade salarial, acesso à educação e prevenção de doenças.

Apesar de serem voltados para as mulheres, é importante que esses grupos sejam formados por homens, e, se possível, por organizações que representem e defendam os direitos da mulher. Exemplo disso, em escala mundial, é o Comitê de Mulheres da Organização das Nações Unidas (ONU), que é responsável por promover os direitos das mulheres e a igualdade de gênero. O comitê é composto por 45 especialistas de todo o mundo e inspira diversas organizações na inclusão e cuidado com a mulher.

A "Agenda 2030" para o Desenvolvimento Sustentável é um plano de ação global proposto pela ONU e conta com diversos indicadores globais orientados por 17 objetivos e aprovado por 193 Estados-Membros.

Pensar além do lucro acaba sendo um diferencial de mercado, fortalecendo cada vez mais a credibilidade das organizações que são comprometidas com objetivos de desenvolvimento sustentável. Por outro lado, empresas vivem e necessitam de vendas e lucro para seguirem com seu papel social "em dia". E nada melhor do que um planejamento de comunicação mercadológica de excelência para impulsionar resultados. É sobre o que abordaremos em nosso quarto capítulo.

CAPÍTULO 4

COMUNICAÇÃO ORGANIZACIONAL, *E-COMMERCE* E MARKETING DIGITAL

Após entender melhor o universo da comunicação interna, do endomarketing e da comunicação institucional, temos a missão, neste capítulo, de compreender como as organizações podem estruturar toda a divulgação para a venda de produtos e serviços. No contexto da comunicação organizacional e integrada, Kunsch denomina essa área de comunicação como mercadológica. Considerada a "menina dos olhos" das organizações, essa área é essencial para influenciar a decisão de compra, ajudar a crescer a visibilidade da marca e até mesmo educar o mercado.

Segundo Kunsch, existem três segmentos na comunicação mercadológica:

- **Propaganda**: como a forma "clássica", consiste na divulgação de produtos e serviços com anúncios pagos.
- **Promoção de vendas**: tem como foco estratégias de estímulo para compra de produtos ou serviços.
- **Marketing direto**: tem como foco a estratégia de marketing que visa estabelecer um relacionamento com o cliente, por meio de canais como e-mail marketing e telemarketing.

Ao analisar uma "linha do tempo" das diferentes formas de divulgação de produtos e serviços é necessário compreender a evolução do *e-commerce* e como ela propiciou diversas maneiras de se vender com as práticas de martech.

O *e-commerce* é o responsável pela criação de canais digitais apropriados para facilitar o acesso à compra e venda por meio da internet. No Brasil, os primeiros passos foram dados na década de 1960, por meio do Electronic Data Interchange (EDI), um sistema que permite a troca eletrônica de dados entre empresas. Outro fator que ajudou no crescimento do *e-commerce* foi a possibilidade de pagamento virtual. Sem dúvida, um dos passos mais importantes para o fortalecimento do *e-commerce* foi o nascimento da própria internet, na década de 1990. A venda de produtos e serviços passou a ser também *online* e com alcance global. A forma de compra virtual caiu no gosto de milhares de consumidores, reforçando as facilidades que a nova modalidade de venda trouxe, entre elas estão:

#1   Alcance global: a facilidade maior do *e-commerce* é justamente não ter barreiras geográficas e estar onipresente. Por isso, Mimitos terá escalabilidade em seu negócio.

#2   Custo operacional baixo: diferentemente de lojas físicas, manter um *e-commerce* simplifica o custo operacional por não ter necessidade de aluguel do empreendimento físico; custos com água, luz, internet; e investimento em serviços como portaria, vigilância e segurança.

#3   Acompanhamento dos resultados de forma ágil e específica tais como:

- Os produtos mais visualizados na sua loja de animais de estimação;
- A quantidade de carrinhos abandonados;
- O número de visitantes do site;
- A quantidade de compras únicas;
- As taxas de conversão do site;
- O valor do *ticket* médio das vendas (métrica que indica quanto o cliente gasta, geralmente), entre outras.

#4 Possibilidade de integração com outros canais: as empresas também poderão integrar seu *e-commerce* com plataformas de marketing e vendas, tais como Instagram Shopping e WhatsApp Business, por exemplo. Ferramentas que vamos analisar em maior profundidade ao longo deste capítulo.

A plataforma Nuvem Shop, por exemplo, é uma das principais plataformas de base do *e-commerce* e garante estabilidade de 99,9% durante o ano, graças aos servidores da Amazon. Além de contar com uma equipe de monitoramento 24h por dia e 7 dias por semana. Em 2022, a Nuvem Shop registrou mais de R$ 10 bilhões em vendas e está presente em 20 países; foi também nesse ano que a marca cresceu mais de 60% no número de lojas ativas.

4.1 O poder do marketing digital para as vendas

O marketing digital começou, na década de 1990, de maneira limitada ao e-mail marketing e anúncios em sites. A partir de 2000, com as inúmeras possibilidades oferecidas pelas mídias digitais, o marketing digital ganhou força. Desde 2010, o marketing digital no Brasil continuou a crescer cada vez mais, por meio do marketing de afiliados, de conteúdo e de influência.

Após a pandemia do COVID-19, o mundo empresarial precisou se adaptar para manter seus negócios funcionando, mesmo com seus clientes dentro de casa. Aquelas marcas que ainda não estavam com presença digital, precisaram correr para resgatar o "tempo perdido", e as que já tinham um trabalho prévio, acabaram saindo na frente e conquistando visibilidade inimaginável até uma década atrás. Nesse contexto, quem ganhou os holofotes foram as redes sociais e todo o mecanismo de busca e venda de produtos que o Google oferece.

De acordo com relatório global da *eMarketer*, na maioria dos países da América Latina e da Ásia-Pacífico, os usuários conectados à internet gastam mais de 3 horas por dia em redes sociais e aplicativos de mensagens. E o que mobiliza tanto essas pessoas a persistirem utilizando essas redes? Um dos principais motivos é o incentivo como descontos, vale-presente, itens grátis e participação em sorteios. Aqui vale ressaltar o poder de diferenciação na estratégia de vendas que as redes sociais impulsionam, inclusive, uma das principais táticas para conquistar clientes, é justamente do marketing de afiliados. Nesse caso, a empresa passa a recompensar outras pessoas, para promover seu produto e serviço, com um *link* exclusivo, mediante comissão de venda em cada compra.

O Mercado Livre é uma plataforma de *e-commerce* que opera na América Latina. É a maior plataforma da região, com mais de 211 milhões de usuários ativos e mais de 10 milhões de vendedores. Por meio dela, milhares de empresas conseguem vender seus produtos, gerando renda para afiliados. Em 2022, a plataforma registrou um crescimento de 42% no volume de vendas.

Outra plataforma que também fez história no Brasil, no que diz respeito às vendas virtuais, foi a Hotmart. Atualmente com mais de 3 milhões de filiados, a plataforma democratizou a venda de cursos, *e-books*, aplicativos, mentorias e consultorias, denominados produtos digitais.

Um exemplo para além dessas plataformas é a forma como a faculdade Unyleya trabalha suas parcerias comerciais, por exemplo. Após eu ter desenhado e coordenado do zero, o primeiro curso do Brasil de pós-graduação em Gestão do Endomarketing e *Employer Branding*, tínhamos necessidade de lançar e manter as divulgações sempre ativas. Ao longo do processo de marketing, percebi que até mesmo cada um dos professores teria a possibilidade de ter um *link* próprio para divulgar para seus colegas, caso tivessem interesse poderiam ganhar duas vezes: a primeira como professor e a segunda em comissões, por meio da compra com seus *links*. Poder alcançar um público amplo sem precisar investir em marketing tradicional, foi, sem dúvida, um dos principais legados do marketing de afiliados nos últimos dez anos.

4.2 Um recorte do Instagram e Facebook (Meta)

O Facebook tem em seu DNA "tornar o mundo mais aberto e conectado" e ao todo já são mais de 102 milhões de brasileiros que estão conectados na plataforma. Além de ser uma rede social que gera conexões com amigos, colegas e familiares, nas quais pequenas comunidades de interesse foram se construindo ao longo dos anos, mais de 3 milhões de anunciantes ativos usam a plataforma para impulsionar seus negócios. A rede social possibilitou que empresas chegassem até seu público-alvo em um curto espaço de tempo. De acordo com o próprio Facebook, 99% dos usuários afirmam que leem as publicações das marcas na rede, e quase 70% buscam a rede, justamente, para descobrir novos produtos.

Em 2022, a empresa controladora do Facebook, do Instagram e do WhatsApp mudou de nome e passou a se chamar Meta.

E para quem tem o foco em aumentar conversões por meio das redes sociais, apesar do pioneirismo do Facebook, quem acabou caindo nas graças do público, que precisa vender na internet, foi o Instagram. Após pesquisa da Resultados Digitais, com 297 profissionais de marketing em 2021, mais de 90% consideram o Instagram como a rede social mais relevante na hora de vender. São mais de 1,4 bilhões de usuários ativos na plataforma em todo o mundo, sendo a 4ª rede social com mais usuários no mundo, atrás do Facebook, YouTube e WhatsApp. De 2021 para 2022 esse número cresceu 17,9%.

E, por falar em Whatsapp, sua origem começou como uma criação do próprio Facebook. Hoje é o aplicativo de mensagens com mais de 2 bilhões de usuários ativos. Em 2022, registrou um crescimento de 20% no número de usuários ativos mensais. O Whatsapp Business é uma versão para promover a interação e gerar conversas diretas com clientes. Um dos maiores *cases* de sucesso da plataforma foi com a empresa Tata Cliq. Os clientes que visitavam o site por meio de uma notificação no WhatsApp eram 1,7 vezes mais inclinados a fazerem uma compra. Foi mais de U$$ 500 mil em vendas pelo aplicativo e o retorno sobre investimento foi 10 vezes maior do que nos canais convencionais utilizados.

Chatbot

Outra ferramenta de atendimento ao cliente é o Chatbot, *software* que simula uma conversa humana por meio de texto ou até mesmo voz. Empresas em todo o mundo implementam o Chatbot para gerar *leads*, aumentar as vendas e melhorar a experiência do cliente.

A Sephora é uma empresa de cosméticos e fragrâncias com sede nos Estados Unidos. Ela oferece uma variedade de produtos de beleza e cuidados pessoais, e tem mais de 2.000 lojas em todo o mundo. Em 2016, lançou um Chatbot chamado Sephora Virtual Assistant. Ele foi projetado para ajudar os clientes a encontrar produtos, obter informações sobre maquiagem e cuidados com a pele, além de fazer pedidos. Para alcançar o sucesso que obteve, o Chatbot foi "treinado" em uma enorme quantidade de dados de texto e código. A marca também optou por promover a ferramenta em suas mídias sociais, o que alavancou os resultados.

4.3 Google e vendas: um match perfeito

O Google também oferece diversas ferramentas para ajudar a promover negócios na internet. Entre elas está o Google Ads. Por meio de três recursos é possível gerenciar visibilidade e rankeamento de publicações com métricas e escalabilidade. Vejamos abaixo:

Página de recomendações: Ajuda a melhorar o desempenho e a eficácia das campanhas de marketing digital com sugestões personalizadas.

Planejador de desempenho: Esse recurso ajuda a compreender melhor como tirar o máximo proveito do orçamento investido nas campanhas.

Aplicativo Google Ads para dispositivos móveis: Essa ferramenta é fundamental para auxiliar na gestão da campanha de qualquer lugar do planeta e em tempo real. O pagamento de campanhas via Google Ads é por meio do SEM (Search Engine Marketing ou Marketing nos Motores de Busca).

Em resumo, para entender o desenvolvimento de um motor de busca, é necessário saber que eles usam técnicas de rastreamento usando *bots*, que analisam as páginas e seus *links*, e armazenam os dados que eles coletam dos servidores. Para que você consiga entender e visualizar todas essas ferramentas orquestradas e trabalhando juntas, destaco abaixo um *case* fictício de uma multinacional de vinhos, que pretende se posicionar no mercado digital ao lançar seu *e-commerce*.

Q   **X**

Comunicação integrada e marketing digital na prática

Pense em uma empresa chamada Vini, que precisa começar a expandir a sua venda de vinhos, também, no mercado digital. Após análise de mercado e riscos, vamos enumerar algumas possíveis ações de integração para que essa migração ocorra. Hipoteticamente vamos colocar objetivos que essa marca deseja alcançar.

Objetivo 1: Construir a comunidade virtual no Instagram, engajada e que aprecia vinhos, e conquistar 6000 seguidores no período de 6 meses.

Objetivo 2: Paralelo a isso, vamos construir a página completa do *e-commerce*, sendo o Nuvem Shop a plataforma escolhida, em um período de 3 meses.

Objetivo 3: Lançar o *e-commerce* em caráter de teste em 3 meses, exclusivamente para os funcionários da Vini.

Objetivo 4: Fazer um pré-lançamento exclusivo para distribuidores parceiros de lojas físicas que têm grandes chances de serem distribuidores do produto em 4 meses.

Algumas providências e estratégias serão fundamentais para o sucesso dessa migração para o digital. Selecionei algumas para que seja possível visualizar o planejamento macro desse lançamento:

- Contratação com agência de assessoria de imprensa e de marketing de influência;

- Criação de *landing page* e melhorias na página *web* por equipe de marketing digital externa;
- Criação de marketing de conteúdo para atrair, por meio de conteúdos ricos, os possíveis compradores dessa marca;
- Contratação de gestor de anúncios no Google Ads, Facebook e Instagram;
- Articulação com time de comunicação interna e endomarketing para que os funcionários estejam engajados no lançamento;
- Articulação, por meio de equipe de eventos, com assessores de empresários para convite e agendamento de encontros e prospecção de parcerias.

4.4 A Era do conteúdo e multicanais

No exemplo da Vini foi possível perceber como diversos elementos da comunicação integrada devem ser articulados para garantir a correta gestão do projeto. Essas são apenas algumas possíveis ações, mas todas elas precisam ser orientadas pela jornada de compra do cliente, que contempla conteúdos e estudo aprofundado sobre o comportamento do consumidor.

No marketing de conteúdo o foco é aumentar a conscientização do cliente sobre o produto, isto é, você não irá oferecer logo de cara todos os seus tipos de vinhos, no caso da Vini, mas sim formatar um plano editorial de conteúdos bem conectado aos termos mais buscados na internet sobre o mundo dos vinhos, por exemplo.

Entendemos por SEO (*Search Engine Optimization* ou Posicionamento *Web*) todas essas ações que tenham como fim melhorar a visibilidade de uma marca ou site nos motores de busca de Internet. É importante deixar claro que o SEO baseia suas técnicas nas pesquisas orgânicas a partir da criação de *links*, conteúdos, redes sociais, blogs etc. Nessa forma de se fazer marketing digital, todos os conteúdos são baseados nas palavras-chave com enfoque, justamente, nesses termos presentes no campo de busca. Um aliado, nesse caso, é o Google Trends, que fornece justamente as palavras mais buscadas relacionadas ao seu tema de interesse.

Após ter clareza do público-alvo e da sua persona (características do consumidor frequente do respectivo produto), é hora de fazer o calendário de conteúdos e como serão ativados os *links* para gerar maior tráfego em seu site ou rede social. Uma estratégia bem recomendada são os *"backlinks"*, isto é, a cada nova postagem divulgada, é importante fazer a retomada com "Leia também", sugerindo conteúdos relacionados ao do site. Outro aspecto para se levar em consideração na hora de colocar no ar um projeto de lançamento como esse é o monitoramento constante. Abaixo você pode conferir cinco formas estratégicas de medir o progresso:

#1 Quanto tempo o leitor passa no site para entender se esse conteúdo está realmente sendo consumido;

#2 Quanto tempo a página está demorando para ser carregada totalmente;

#3 Entender se o site é facilmente rastreável e se está presente em outros sites parceiros e nas redes sociais;

#4 Ficar atento ao *Black Hat,* isto é, as técnicas de SEO que são antiéticas e vão contra as diretrizes do Google;

#5 Monitorar a *bounce rate* (taxa de rejeição), pois se refere à medição dos internautas que visitaram um site e abandonaram esse endereço sem acessar outras páginas.

Vale ressaltar que o acesso a uma página na *web* determina o seu posicionamento, por isso é importante manter as páginas atualizadas e observar menções, *likes*, interações, compartilhamentos, já que essas informações são primordiais para tomar providências e corrigir rotas.

No caso de ativações feitas com investimento em anúncios, é importante entender dois conceitos básicos, para analisar ao longo de uma determinada campanha:

1º) É o CPC (Custo por Clique): acordo de compra em que o anunciante paga um montante apenas quando os usuários clicam em sua publicidade.

2º) É o CPM (Custo por Mil Impressões): acordo pelo qual o anunciante pagará o valor, também estimado por ele, relativo a mil impressões (exibições) de seus anúncios na rede do Google. Nesse caso, o anunciante define como prioridade de sua campanha a simples exibição do anúncio e não o clique ou tráfego gerado para o seu site.

4.5 Marketing de influência

De maneira simplificada, o marketing de influência se baseia em confiança e engajamento. Se você confia na opinião e na experiência de alguém, você é influenciado por ela. Assim, fica mais fácil optar por uma marca ou produto que aquele influenciador divulgue para você.

Utilizar pessoas com influência para educar, inspirar e informar sobre produtos e serviços sejam elas especialistas, conhecidas ou celebridades, essa é a forma como o marketing de influência acontece. As marcas brasileiras investiram R$ 1,7 bilhão em marketing de influência em 2022, o que representa um crescimento de 20% em relação a 2021.

Influenciadores são os protagonistas desta estratégia e têm a missão de gerar credibilidade, confiança e transparência com o público. O diferencial é a capacidade de adaptar mensagens de maneira personalizada e segmentada.

O Instagram é a rede social mais utilizada para marketing de influência, seguida do YouTube e do TikTok. E, por incrível que pareça, os influenciadores com menos de 100 mil seguidores, denominados nanoinfluenciadores, são exatamente os que geram maiores taxas de engajamento.

Vamos conhecer algumas curiosidades sobre YouTube e TikTok e como são as ferramentas de marketing por vídeo em campanhas de alto impacto na internet:

YouTube	TikTok
YouTube é a segunda maior ferramenta de busca do mundo, atrás apenas do Google.	O TikTok é uma plataforma de mídia social de compartilhamento de vídeos curtos, com duração de 15 a 60 segundos.
As marcas podem usar o YouTube para criar anúncios, gerar *leads* e aumentar as vendas.	Cerca de 70% dos usuários têm menos de 30 anos. No Brasil já são mais de 100 milhões de usuários ativos.
O YouTube é uma fonte popular de entretenimento, incluindo filmes, séries, música e jogos.	O TikTok é uma fonte popular de entretenimento, incluindo dança, música, comédia e humor.
Os brasileiros assistem a mais de 2 bilhões de horas de vídeos no YouTube por mês.	Vídeos virais orgânicos podem gerar um burburinho instantâneo em torno de um produto, levando a um aumento repentino nas vendas.
A Red Bull é uma marca de bebidas energéticas, famosa por sua associação com o mundo esportivo. Seu canal no YouTube tem mais de 100 milhões de inscritos e apresenta uma variedade de vídeos de esportes radicais, incluindo competições, entrevistas e tutoriais.	A marca de roupas esportivas, Nike, lançou uma campanha no TikTok com o tema "Comece seu jogo". A campanha contou com vídeos motivacionais que incentivaram os usuários a se exercitarem. A campanha foi um sucesso, gerando mais de 1 bilhão de visualizações.

4.6 Realidade aumentada na comunicação mercadológica

Ao desbravar o mundo do marketing digital indo além das fotos, vídeos e conteúdos de texto e áudio, nos deparamos com um novo capítulo nesta jornada tecnológica. A realidade aumentada (RA), presente em filmes e séries

COMUNICAÇÃO ORGANIZACIONAL NA ERA TECH

de ficção científica, chegou e mostrou uma nova forma de viver experiências que combinam o mundo real com elementos virtuais.

Já pensou poder visualizar como um determinado produto seria utilizado em sua casa antes mesmo de comprar? Esse é um dos diferenciais que essa forma de comunicação apresenta para clientes. Tudo é voltado para que modelos em 3D, personagens e até mesmo cenários completos sejam parte do processo de prospecção de clientes e propaganda de serviços e produtos, incluindo as lojas físicas.

Desenvolvedores de *software*, designers e especialistas de conteúdo estão cada vez mais buscando especialização para construir forte conhecimento de ciência da computação, engenharia e matemática. Isso para desenvolver projetos que correspondam às inúmeras necessidades e movimentos constantes de inovação no mercado. Outra forma de produzir e pesquisar conteúdos é por meio do campo da ciência denominado Inteligência Artificial (IA).

De acordo com a Oracle, os desenvolvedores usam a Inteligência Artificial para executar tarefas de maneira mais eficiente, que, de outra forma, seriam feitas manualmente, como conectar-se com clientes, identificar padrões e resolver problemas. Essa ferramenta acaba por fornecer uma noção maior sobre a abundância de dados disponíveis e fazer previsões de tarefas complexas.

A Oracle também traz dois conceitos importantes na hora de construir uma estratégia usando a IA:

– Ciência de Dados

As empresas estão combinando ativamente estatísticas com conceitos de ciência da computação, como o *machine learning* e a Inteligência Artificial, para extrair informações de *big data*, com o intuito de impulsionar a inovação e transformar a tomada de decisões.

– Machine Learning

O *machine learning*, um subconjunto da Inteligência Artificial (IA), se concentra na criação de sistemas que aprendem por meio de dados com o objetivo de automatizar e acelerar o tempo de decisão e o tempo de retorno.

De acordo com a Harvard Business Review, as empresas estão usando principalmente a IA para:

- Detectar e impedir intrusões de segurança (44%);
- Resolver problemas de tecnologia dos usuários (41%);
- Reduzir o trabalho de gerenciamento de produção (34%);
- Avaliar a conformidade interna ao usar fornecedores aprovados (34%).

Já no universo do marketing digital, a IA tem sido uma grande aliada de times de comunicação e marketing, na automatização de tarefas, análise de dados e geração de relatórios. Além de favorecerem o *brainstorming*, técnica de geração de ideias em grupo, que se baseia na livre associação de ideias e na rejeição de críticas iniciais. A IA, nesse contexto, é uma aliada poderosa para a construção de campanhas e planos integrados de comunicação.

Conteúdos passaram a ser criados com maior celeridade, além de diversos *insights* de dados para munir times de comunicação, para tomarem decisões cada vez mais acertadas.

4.7 O futuro é logo ali

Diante de tantas possibilidades e ferramentas de futuro para o *e-commerce* demonstram cada vez mais que essa forma de comércio será a prioritária. Destaco cinco aspectos do *e-commerce* do futuro:

1 Trabalho de influenciadores vendendo até mesmo carros em tempo real. Para que se tenha ideia, o mercado global de marketing de influência deve atingir US$ 104,2 bilhões em 2025, um crescimento de 17,4% em relação a 2022;

#2   O marketing cada dia mais personalizado, buscando oferecer o produto certo, para o cliente certo e na hora certa;

#3   Uso de *big data* e inteligência artificial para conquistar e manter os clientes;

#4   Crescimento cada vez maior do TikTok para vender diferentes mercadorias, por meio da viralização de conteúdos;

#5   Métricas de sucesso também serão diversidade e inclusão nas empresas de *e-commerce*.

Diante de tamanha onda tecnológica, estudar cenários e atualizar riscos tornam-se essencial para um planejamento de comunicação organizacional cada vez mais conectado com as demandas do mercado.

4.8 A comunicação integrada na estratégia empresarial

Ao iniciar um processo de estruturação da comunicação integrada precisamos ter feito algumas análises prévias e entender o contexto histórico, causal, do comportamento da força de vendas, reputação, segurança da informação e análise SWOT.

Análise histórica tem como finalidade estabelecer projeções dos eventos passados mais significativos, em que as estimativas quantitativas e gerais de vendas passadas, a parte da participação do produto e os níveis de rotação do produto podem ser deduzidos.

A análise causal serve para procurar as razões que definem os resultados positivos ou negativos nos objetivos marcados. A capacidade de resposta às ações e movimentos imprevistos da competição também são valorizados.

Análise do comportamento da força de vendas, pois são esses os verdadeiros promotores da consecução dos objetivos comerciais, que vão detectar se deve realizar uma análise pormenorizada a nível geográfico e a nível de delegação e individual.

A pesquisa de mercado e reputação pretende identificar os limites do mercado e estudar as características dos clientes ou potenciais consumidores, necessidades, desejos e comportamentos. Também examina o tamanho do mercado, o potencial de compra, oferta e procura.

A análise SWOT busca analisar as fraquezas, as ameaças, as forças e as oportunidades que a empresa tem, assim como as da concorrência. Isso irá proporcionar um estudo da situação atual e do possível futuro.

Além disso, a análise da política de segurança da informação da organização é essencial para alinhar todos os objetivos estratégicos com leis e regulamentações vigentes.

Também é importante a análise da comunicação da empresa como um todo, desde o contrato de uma equipe de imprensa, melhorias na página web, criação de plano de meios e ajustes, determinações dos orçamentos e preços, campanhas de promoção, política de marketing direto, presença da empresa e comercialização de seus produtos nas redes sociais etc.

Após todo esse estudo, chegou a hora de definir os objetivos da comunicação, lembrando que devem ser:

- Viáveis, ou seja, atingíveis, práticos e realistas.
- Concretos e precisos.
- Coerentes com as regras da empresa.
- Alinhados com tempo estimado apropriado para um plano de trabalho.
- Apropriados para a política da empresa.
- Flexíveis e adaptados ao momento presente.

Vale lembrar que o planejamento deve abranger todas as opções de mídias sociais existentes para promover a marca, garantindo o maior alcance possível, mantendo a integração das redes sociais escolhidas para campanhas estratégicas. Uma prática denominada "reciclagem" ajuda muito na performance e aproveitamento dos conteúdos gerados pela empresa. A mesma mensagem pode ser adaptada e utilizada para diferentes plataformas e formatos como vídeo, áudio ou texto.

A Escola de Negócios Europeia de Barcelona fornece os seguintes *insights* na hora de pensar na publicidade de produtos e serviços:

1. Mercado: a quem se dirige a ação?

2. Missão: qual objetivo esta ação persegue?

3. Mensagem: quais pontos específicos serão comunicados?

4. Meios: quais meios serão usados para se fazer chegar a mensagem?

5. Dinheiro: qual será o custo?

6. Mensuração: como se avaliará o impacto da campanha quando estiver concluída?

Após responder cada uma dessas questões, chegou a hora de propor um calendário. Selecionei um modelo básico para que você possa começar a usar em seus projetos. Use como um guia e aproveite para fazer as adaptações necessárias, de acordo com todos os aspectos prévios de análise. Vamos dividir em cinco etapas o plano de comunicação para implementar um *e-commerce* do zero, com a ajuda da comunicação integrada.

Proposta de um calendário detalhado e *timing* para cada ação:

Ação	Responsável	Quando	Onde	Status
Início da elaboração do *e-commerce*.	Equipe de *webdesigner*, TI e comercial.	dd.mm.aa	Agência X reunião na empresa.	A iniciar.
Entrega do plano de mídias digitais pela agência, integrado com o marketing de influência.	Agência contratada.	dd.mm.aa	Agência X reunião na empresa.	A iniciar.

Entrega do plano de endomarketing.	Time de comunicação interna.	dd.mm.aa	Reunião na empresa.	A iniciar.
Apresentação da versão 1 do *e-commerce* e estratégias de marketing para o time comercial.	Time de marketing e validação do time comercial.	dd.mm.aa	Reunião na empresa.	A iniciar.
Pré-lançamento do *e-commerce* para funcionários.	Time de endomarketing e empresa contratada para eventos.	dd.mm.aa	Evento presencial na empresa.	A iniciar.
Pré-lançamento do *e-commerce* para empresas e parceiras, e divulgação, deixando claro que em breve será para o grande público.	Empresa contratada para eventos.	dd.mm.aa	Evento presencial na vinícola.	A iniciar.
Inserção na imprensa especializada.	Agência de assessoria de imprensa.	dd.mm.aa	Entrevista exclusiva com CEO da empresa sobre o lançamento.	A iniciar.

Ação com *influencers* e lançamento oficial para público-alvo. Ativação dos anúncios pagos e do *e-commerce* aberto.	Agência de Marketing de influência. Campanha recorrente do *e-commerce*.	Início: dd.mm.aa Término: dd.mm.aa	A cada semana uma *influencer* diferente vai falar sobre o assunto em diferentes regiões do país.	A iniciar.
Encerramento da campanha e mensuração dos resultados.	Agência Digital.	dd.mm.aa	Na agência e posterior divulgação.	

Após construir um calendário, chegou a hora de tirar cada uma dessas campanhas e pilares estratégicos do papel. Para isso, algumas atividades recorrentes serão necessárias:

#1 Criação de Projeto dentro do Trello, ferramenta de metodologias ágeis para monitoramento, organização e mensuração das entregas. De maneira geral, a metodologia ágil cria muitas oportunidades para o envolvimento das pessoas envolvidas no projeto. Desse modo, há um alto nível de colaboração entre todas as partes, o que torna mais transparente a visão do cliente e suas expectativas, bem como as possibilidades do time de desenvolvimento/produção;

#2 Monitoramento diário das métricas da ativação nas redes sociais: entrega de relatório semanal de resultados de engajamento e vendas;

#3 Alinhamento semanal entre gestores para acompanhamento do projeto;

#4 Entrega de relatório semanal na ativação das matérias em mídia especializada;

#5 Entrega de relatório após campanha de divulgação com funcionários, com foco em opinião sobre o produto e como foi a experiência no *e-commerce*;

#6 Elaboração e entrega de relatório mensal de configuração do *e-commerce* e de evolução das vendas no Google Shopping e Instagram Shopping, com destaque para parcerias realizadas com pessoa jurídica;

#7 Recolhimento de *feedback* do CEO e Gerente Comercial para possíveis ajustes;

#8 Pesquisa de avaliação da experiência de compra com o cliente para rever processos, manter boas práticas e crescer a credibilidade da marca.

Caso você queira consultar, deixo esse guia exclusivo com dicas rápidas para você usar na construção de uma jornada de compra eficaz.

Passo 1 – Utilize dos ERPs, do inglês *Enterprise Resource Planning* ou Sistemas Integrados de Gestão Empresarial para conectar informações, realizar um correto controle de estoque junto aos nossos fornecedores e estipular prazos de entrega que sejam coerentes. Lembre-se de estar adequado com a Lei Geral de Proteção de Dados.

Passo 2 – Simplifique as páginas de conclusão de compra e retire todos os *links* e menus desnecessários, ou seja, mantenha o foco do consumidor na conversão. Foque em ter um botão de compra e/ou compra com um clique; visualização do carrinho; espaço para adicionar cupons; aba de confirmação do endereço; fácil *checkout* para pagamento; prazo de entrega identificado.

Passo 3 – Crie promoções criativas.

Passo 4 – Monitore e entenda seus resultados.

Passo 5 – Invista em um pós-venda ativo e atendimento humanizado.

Passo 6 – Ofereça atendimento humanizado.

Passo 7 – Certifique-se de preencher todos os pontos de contato da sua loja com disponibilidade e agilidade. Ofereça atendimento por telefone, redes sociais, chat e e-mail.

Passo 8 – Quanto às promoções de estações, de datas comemorativas e *Black Friday*, vá além de apenas 10% e ouse um pouco mais. Você pode vender mais rapidamente e ainda fidelizar novos clientes. Vale investir em *influencers*, ligadas ao mundo animal, para garantir mais visibilidade às promoções.

Passo 9 – Você deve manter semanalmente (no mínimo) um monitoramento da taxa de conversão de vendas, custo de aquisição de cliente e tráfego orgânico são alguns dos números que você deve ter atenção. Isso é feito por meio do contato do vendedor com o comprador depois da transação. Essa abordagem é fundamental para estreitar a relação entre os dois lados e até mesmo surpreender o cliente e satisfazê-lo.

Até aqui selecionamos diversas estratégias e dicas valiosas para o avanço do seu trabalho, no mundo da comunicação organizacional. Entretanto, de nada adianta táticas e métodos infalíveis, sem pessoas para se comprometerem com cada projeto. Por isso, no último tópico deste livro, ressaltamos os protagonistas de toda comunicação organizacional na Era Tech: as pessoas.

4.9 Performance do comunicador organizacional para negócios de sucesso

Para estruturar uma cultura organizacional cada dia mais humana, com um novo perfil de gerência, temos como inspiração o Triângulo de serviço, de Albrecht. Ele mostra a necessidade de apoio que os empregados precisam receber de três fontes: da cultura, da estrutura organizacional e da liderança.

Diferentemente da Pirâmide tradicional, em que a alta administração está no topo, a gerência no centro e a linha de frente na base, a nova pirâmide apresenta o cliente da linha de frente no topo, a gerência no centro e a alta direção na base. Esse novo modelo trata-se de uma pirâmide que reflete a sequência das funções, segundo o fluxo de informação dos valores, transmitido pela percepção que o cliente tem do produto denominado pirâmide de Gronross.

No topo da pirâmide estão os clientes como a fonte dos valores que vão constituir o produto final da empresa. Isso significa que as decisões da alta administração precisam, necessariamente, levar em conta a percepção de o cliente adequar-se a ela.

Segundo o pesquisador Bekin, esta pirâmide quer exprimir a flexibilidade da organização. Na nova pirâmide, isto é, na nova organização, a linha de frente assume grandes responsabilidades e sua maior necessidade não é de controle, mas sim de suporte, de apoio. A delegação de poder não pode ser um salto no escuro, tem de estar firmemente apoiada em comunicação, conhecimento e avaliação. Toda essa nova visão deve ser vista como um processo, e não de maneira imediatista.

Dentro desse processo o gerente assume um novo papel, de cooperação, visão prioritária para o cliente interno e assume a missão de ser um treinador dos funcionários, em que prevalece a valorização do indivíduo.

De acordo com a especialista Brum, a primeira pessoa que um líder precisa liderar é ele mesmo, pois a forma como o líder se sente, em relação ao seu trabalho, impacta, diretamente, no bem-estar de seus subordinados. O líder precisa tomar consciência do poder da doação e estar ciente da lei de causa e efeito, pois todos os atos trazem alguma consequência. A vontade associada ao amor, que um gerente possui dentro de si, determina a sua capacidade de servir a sua equipe. Gerenciar com amor é servir, ressalta Brum. Ao servir, da forma mais plena que existe, um gerente passa a ter autoridade sobre sua equipe. Ao conquistar a autoridade, por ser capaz de servir com amor, o gerente ganha força para construir uma cultura organizacional sólida.

Competências essenciais

Antes de mais nada é fundamental que o profissional esteja totalmente integrado ao "CHA", que significa conhecimentos, habilidades e atitudes como podemos ver na imagem a seguir:

Imagem 10: Pilares da Competência

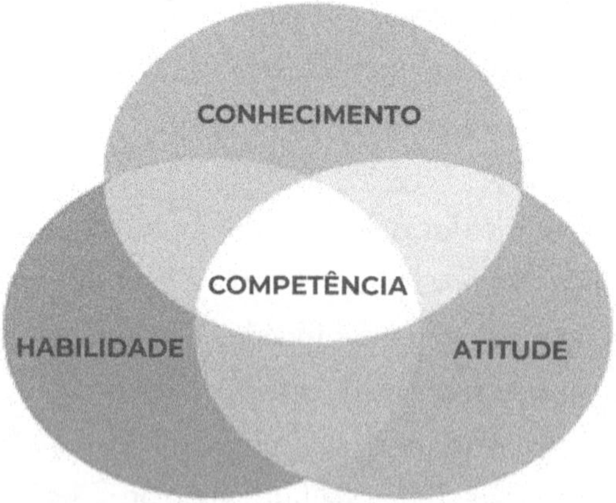

Fonte: elaborado pela autora (2024).

- **Conhecimento** é o saber, os conceitos, as informações que se possui por meio da aprendizagem que se acumula ao longo da vida.
- **Habilidade** é o saber fazer, é a aplicação do conhecimento de forma prática e produtiva.
- **Atitude** é o querer fazer, é o que nos impulsiona a executar nossas habilidades e conhecimentos.

Tendo isso como ponto de partida, podemos destacar que o comunicador organizacional também deve buscar sempre estar atualizado e curioso sobre tendências e tecnologias de comunicação. Além disso, deve ser organizado, saber liderar de forma colaborativa, estar antenado com sua área de atuação, ser ágil, comprometido e com excelente comunicação verbal. Um perfil analítico, bom raciocínio lógico e gostar de lidar com números e dados, também destaca esse profissional. Além disso, organização, proatividade, iniciativa, autonomia e foco em resultados, habilidades de comunicação verbal e escrita, pesquisa, planejamento e análise são essenciais para exercer, com maestria, as inúmeras atribuições dessa função.

A Sólides Tecnologia fornece um mapeamento de perfil comportamental, que tem ajudado diversas empresas a entenderem melhor o tipo de perfil de cada profissional. Utilizando a combinação da metodologia DISC e mais outros 6 testes de perfil comportamental, a empresa desenhou a melhor solução de mapeamento do mercado. São quatro perfis diferentes que a metodologia ajuda a identificar:

- **Comunicadores:** Os comunicadores têm habilidades interpessoais invejáveis. Conseguem conectar um assunto ao outro com rapidez e adoram dinamismo e autonomia.

- **Planejadores:** Os planejadores são de natureza mais calma e centrada, e gostam de rotina previsível. São pessoas empáticas e criam fortes conexões com seus colegas de trabalho.

- **Analistas:** Eles se destacam em projetos que exijam pesquisas e elaboração de teses. Procuram a perfeição em suas entregas e são motivados por altos padrões e eficiência.

- **Executores:** São extremamente dominantes e tendem a pertencer ao grupo dos líderes natos. Esse profissional é muito autoconfiante e se sente motivado ao enfrentar desafios.

Por meio de relatórios fáceis de interpretar, empresas podem tomar decisões preventivas para reduzir a perda de talentos e desenvolver uma área mais estratégica. Importante ressaltar que não é sobre ser, mas é sobre estar enquadrado em um perfil. O perfil comportamental de cada pessoa pode variar com o tempo, pois depende de influências externas, como o local de trabalho ou a posição na empresa em que trabalha. O teste conta com 97% de precisão e demora cerca de 7 minutos para ser realizado. Mais de três milhões de relatórios já foram emitidos. Ferramentas como estas são essenciais para a construção de equipes com perfis diversos e que se complementam. Para formar um time completo de comunicação organizacional podemos separar diferentes funções técnicas:

- **Gestor de projeto**

Funções: Orientar o desenho, construção e implantação seguindo as normas e procedimentos estabelecidos. Criar e gerenciar o plano incluindo orçamento, monitorar e informar sobre a evolução e mudanças do mesmo. Garantir a qualidade do serviço entregue e a total satisfação do cliente, ficando dentro do orçamento determinado e cumprindo os prazos acordados. Elaborar resultados e ROI.

- **Designer gráfico pleno**

Funções: Planejamento e criação ou seleção de artes para mídias em diferentes canais de comunicação como site, Meta Ads, Google Ads, peças para redes sociais em geral, e-mail marketing, landing pages, revistas impressas e digitais, mídia *offline* em geral, entre outras.

- **Web designer sênior**

Funções: Dominar o Elementor (intermediário para cima); saber usar WordPress; conhecimento de *plugins*; noções de design; experiência com criação de landing pages. Diferenciais adicionais (desejável, porém não eliminatório): edição de imagens; conhecimento em HTML, JavaScript e CSS; habilidades com as principais ferramentas da Adobe: Photoshop e Illustrator; Desing/UX; Google Tag Manager.

- **Roteirista/Redator Sênior**

Funções: Roteirização de vídeos publicitários para TV e *lives* para redes sociais, com direcionamento de apresentadores e influenciadores; criação de textos para revistas (catálogo), *blogs* e *posts* para o Instagram; auxílio em ações e eventos de marketing de influência; direção de conteúdo com influenciadores e famosos; direção de *lives* ao vivo com apresentadores e influenciadores; planejamento e criação de conteúdo em tempo real para eventos; pesquisa de tendências para conteúdo digital; *portfólio* de artigos e materiais publicados; excelentes habilidades de redação e edição, com grande atenção aos detalhes e experiência prática com sistemas de gestão de conteúdo (por exemplo, o WordPress).

- **Assistente de produção audiovisual Jr**

Funções: Realizar pesquisa e criação de conteúdo; gravar vídeos; apoiar o editor no que for necessário para a edição dos conteúdos; fase de pré-produção, auxiliando nas demais etapas do processo; fazer contato com locadoras de equipamentos, estúdios e locações.

- **Editor de vídeo pleno**

Funções: Realizar pesquisa e criação de conteúdo; gravar e editar vídeos; ter domínio das ferramentas Adobe Premiere; ter experiência em criação de vídeos para Instagram, Youtube e Reels.

- **Social Media**

Funções: Elaborar cronograma editorial periódico; analisar a concorrência, a fim de obter *insights* para nossos perfis; brifar para o time criativo, para a produção de conteúdos e artes; revisar posts antes de serem publicados, garantindo que cada postagem esteja alinhada à identidade visual e ao tom de voz da marca; acompanhar relatórios de campanhas patrocinadas nas redes sociais; monitorar as interações dos consumidores, garantindo que todos sejam respondidos; elaborar relatórios e apresentar para o gestor do projeto, coletando aprendizados e usando-os para otimizar nossa estratégia de social media.

- **Analista de relacionamento mídia on e off**

Funções: Prestar suporte a equipe; promover ações de relacionamento com os clientes; agendar visitas e realizar as atividades de organização e controle de documentos, cadastro, elaboração de relatórios, gráficos comparativos, digitação e tabulação de dados; fazer negociação de publieditorial com portais na web; articulação com *influencers*; assessoria de famosos e negociação de propaganda na TV.

- **Analista de trade marketing**

Funções: Realizar visitas e diagnósticos, diariamente, nos PDVs; visitar as unidades de distribuição de sua responsabilidade, controle, organização e acompanhamento de estoque dos materiais de *merchandising*; multiplicação de conhecimento e comunicação constantes, para demais membros do projeto, por meio de relatórios, principalmente para o líder.

BÔNUS

COMUNICAÇÃO ESTRATÉGICA E LIDERANÇA SITUACIONAL: REFLEXÕES PARA C-LEVELS

1. INTRODUÇÃO

A liderança é um catalisador de transformação nas organizações. Ao influenciar e motivar indivíduos e grupos, líderes eficazes direcionam equipes para o alcance de objetivos comuns. Em um contexto dinâmico, a capacidade de adaptar o estilo de liderança é essencial. A comunicação, como alicerce da liderança, permite que os líderes transmitam sua visão de forma clara, ouçam ativamente suas equipes e fortaleçam relacionamentos, impulsionando a confiança e a performance. E será justamente a conexão entre liderança situacional, performance e comunicação estratégica que veremos neste conteúdo.

2. FUNDAMENTOS DA LIDERANÇA SITUACIONAL

A teoria da contingência, pioneiramente explorada por Fred Fiedler, demonstra que não existe um estilo de liderança universalmente eficaz. O sucesso de um líder depende da interação entre seu estilo e as características da situação. Em outras palavras, o que funciona em um contexto pode não funcionar em outro. Essa teoria reconhece a complexidade das relações entre líder, equipe e ambiente.

Na liderança direcional, o líder acompanha e direciona as atividades desde o início até o término. É um estilo muito utilizado em períodos de mudança de cargo ou experiência dos colaboradores.

Já a liderança transformacional foca na capacidade do líder de inspirar e motivar seus seguidores a transcender seus próprios interesses em prol de um objetivo comum. O líder cria uma visão inspiradora, estimula o desenvolvimento de seus seguidores e desafia o *status quo*.

Por outro lado, a liderança servidora busca inverter a pirâmide da liderança, colocando as necessidades dos seguidores em primeiro lugar. O líder servidor busca servir aos outros, empoderá-los e criar um ambiente de trabalho colaborativo.

Existe ainda a liderança autêntica que enfatiza a importância da autenticidade, integridade e valores éticos do líder. Líderes autênticos são confiáveis e inspiram confiança em seus seguidores. Em um mundo cada vez mais rápido e complexo, a liderança ágil valoriza a flexibilidade, a adaptação e a colaboração. Esse tipo de líder é capaz de navegar em ambientes incertos e em constante mudança. Nesse contexto, a comunicação estratégica é peça--chave para fazer cada uma dessas possibilidades se tornarem realidade nas organizações.

3. ADAPTANDO A COMUNICAÇÃO À LIDERANÇA SITUACIONAL

A comunicação é um dos pilares da liderança eficaz. Ao adaptar sua comunicação ao estilo de liderança mais adequado à situação, você pode aumentar a motivação da equipe, melhorar o desempenho e fortalecer os relacionamentos. A chave está em entender que o estilo de liderança deve variar de acordo com a maturidade da equipe: seja ela técnica ou emocional.

O modelo de Hersey-Blanchard (2017), por exemplo, divide a liderança em quatro quadrantes, cada um com um estilo de comunicação específico:

- Direcionamento: o líder define as tarefas, estabelece prazos e monitora de perto o desempenho da equipe;
- *Coaching*: o líder oferece *feedback* construtivo, incentiva o desenvolvimento e delega responsabilidades de forma gradual;
- Apoio: o líder ouve as ideias da equipe, reconhece os esforços e cria um ambiente de confiança;
- Delegação: o líder estabelece expectativas claras e confia na capacidade da equipe para executar as tarefas.

4. UM MINUTO PARA ELOGIAR

Assim como um líder adapta seu estilo de liderança para cada situação, a comunicação segmentada adapta a mensagem para cada público. Ambos os conceitos buscam a personalização e a relevância como forma de otimizar os resultados.

Cada indivíduo possui uma forma única de interpretar e processar informações, o que pode gerar ruídos e desconfortos em diferentes contextos, sejam interpessoais ou organizacionais.

As técnicas de "Um minuto para elogiar", "Um minuto para repreender" e "Um minuto para definir objetivos" de Blanchard (2005) são ferramentas poderosas para a gestão de pessoas e o desenvolvimento de equipes. Elas se baseiam na ideia de que o *feedback* rápido e específico é fundamental para o aprendizado e a melhoria contínua.

"Um minuto para elogiar": Essa técnica consiste em elogiar os colaboradores imediatamente após uma ação positiva, destacando o comportamento específico e o impacto que ele teve.

"Um minuto para repreender": Nesse caso, o feedback negativo deve ser direcionado ao comportamento, não à pessoa, e deve ser dado o mais rápido possível após o ocorrido.

"Um minuto para definir objetivos": Os objetivos devem ser claros, específicos e mensuráveis, e devem ser revisados regularmente.

5. C-LEVELS E A COMUNICAÇÃO ORGANIZACIONAL

O perfil comportamental de um C-level exerce um papel crucial na forma como ele se comunica e influencia a organização. Líderes em posições de alta gestão, os C-levels precisam ter um perfil que combine assertividade, empatia, visão estratégica e capacidade de adaptação. Essas características, quando aliadas a uma comunicação estratégica, permitem que o líder inspire confiança, motive equipes e guie a organização para o sucesso.

A comunicação estratégica, por sua vez, é fundamental para os C-levels, pois permite que eles transmitam a visão da empresa ou organização pública, alinhem as expectativas dos colaboradores e construam relacionamentos sólidos com *stakeholders* internos e externos.

A comunicação organizacional integrada (Interna, Institucional e Mercadológica) é um caminho que permite aplicar a liderança situacional com os diferentes contextos. Ao adotar uma abordagem integrada e consistente, as organizações podem fortalecer sua marca, melhorar sua reputação e construir relacionamentos mais sólidos com seus públicos.

CONSIDERAÇÕES FINAIS

Ao compreender os fundamentos da liderança situacional e a importância da comunicação eficaz, os líderes podem criar ambientes de trabalho mais colaborativos, produtivos e engajadores. Ao ajustar seu estilo de liderança às necessidades específicas de cada situação, os líderes podem maximizar o potencial de suas equipes e alcançar resultados excepcionais.

A comunicação, por sua vez, é o alicerce sobre o qual se constrói a confiança, a colaboração e o sucesso organizacional. Um líder que se comunica de forma clara, empática e inspiradora é capaz de motivar seus colaboradores, alinhar expectativas e construir um futuro promissor para a organização. Líderes que se dedicam ao desenvolvimento de suas habilidades de liderança e comunicação estão mais bem preparados para enfrentar os desafios do futuro e conduzir suas organizações para um novo patamar.

Esse é um assunto repleto de possibilidades de aprofundamento, por isso recomenda-se outras leituras e pesquisas sobre a temática para mais reflexões futuras.

REFERÊNCIAS

ABEL, Carol. *Planejamento de campanha publicitária*: confira passo a passo e dicas. Mindminers, 2022. Disponível em: https://mindminers.com/blog/planejamento-campanha-publicitaria/. Acesso em: 14 dez. 2022.

ABREU, Érika. *Campanha publicitária*: o que é, como fazer, exemplos e mais. RD Station, 2024. Disponível em: https://resultadosdigitais.com.br/agencias/campanha-publicitaria/. Acesso em: 14 dez. 2022.

AMCHAM. *A revolução do e-commerce na China*. Amcham, 2023. Disponível em: https://www.amcham.com.br/blog/a-revolucao-do-e-commerce-na-china. Acesso em: 15 nov. 2022.

ARGENTI, Paul. *Comunicação Empresarial*. 5. ed. Rio de Janeiro: Elsevier Brasil, 2011.

BEKIN, Saul Faingaus. *Conversando sobre Endomarketing*. São Paulo: Makron Books, 1995.

BLANCHARD, K.; JOHNSON, S. O *Gerente-Minuto* (The One Minute Manager). 2. ed. São Paulo: Editora Pioneira, 2005.

BOCARDO, Daniel. *Tendências em ranking e previsões de SEO para 2018*. Mailrelay, 2017. Disponível em: https://mailrelay.com/pt/blog/2017/11/28/tendencias-em-ranking-e-previsoes-de-seo-para-2018/. Acesso em: 01 nov. 2022.

BRACCO, Matheus. *Custo de vazamento de dados no Brasil é de R$ 6,2 milhões*. Security Report, 2023. Disponível em: https://securityleaders.com. br/media-de-custo-de-vazamento-de-dados-no-brasil-oscila-para-r-62-mi-lhoes-em-2023/#:~:text=De%20acordo%20com%20o%20estudo,%24%20 7%2C86%20milh%C3%B5es. Acesso em: 05 dez. 2023.

BRASIL. Ministério do Meio Ambiente e Mudança do Clima. *Histórico ODS*. 2022. Disponível em: https://www.gov.br/mma/pt-br/acesso-a-informa-cao/informacoes-ambientais/historico-ods. Acesso em: 15 nov. 2023.

BRASIL. Ministério do Trabalho e Emprego. *Segurança da Informação e Comunicações*: responsabilidade de todos. Cartilha Institucional, 2023. Disponível em: https://www4.planalto.gov.br/cgd//assuntos/publicacoes/se-gurancadainformacao_mte.pdf. Acesso em: 05 dez. 2023.

BRUM, Analisa de Medeiros. *A Experiência do Colaborador*: da atração à retenção: como o endomarketing pode tornar única cada etapa da jornada do colaborador. 2. ed. São Paulo: Integrare, 2020.

BRUM, Analisa de Medeiros. *Endomarketing como Estratégia de Gestão*. Porto Alegre: L&PM Editores, 1998.

BRUM, Analisa de Medeiros. *Face a Face com Endomarketing*. Porto Alegre: L&PM Editores, 1998.

CAMPOS, Silvio Anastácio Comparoni De. *C.H.A – Conhecimento, habili-dades e atitudes*. 2018. Disponível em: https://www.linkedin.com/pulse/cha--conhecimento-habilidades-e-atitudes-silvio/?originalSubdomain=pt. Acesso em: 15 dez. 2023.

CÂNDIDO, Ian. *Para 54% dos consumidores, identidade das marcas é fator relevante para o consumo*. Mundo do Marketing, 2023. Disponível em: ht-tps://www.mundodomarketing.com.br/para-54-dos-consumidores-identida-de-das--marcas-e-fator-relevante-para-o-consumo/. Acesso em: 15 nov. 2023.

CASTRO, Grasiele. *Pesquisa mostra que 65,3% das empresas brasileiras ade-rem a práticas de governança*. 2023. Disponível em: https://www.jota.info/

tributos-e-empresas/mercado/pesquisa-mostra-que-653-das-empresas-brasilei-ras-aderem-a-praticas-de-governanca-03102023. Acesso em: 15 dez. 2023.

COMUNICAÇÃO *EMPRESARIAL*: prazer em conhecê-la. 2023. Disponível em: https://biblioteca.univap.br/dados/000030/000030ba.pdf. Acesso em: 15 nov. 2023.

CONTENT, Rock. *SEO Trends*: as principais estatísticas de SEO para bombar sua estratégia de marketing digital [Pesquisa]. Resultados Digitais, 2020. Disponível em: https://resultadosdigitais.com.br/marketing/seo-trends/. Acesso em: 05 nov. 2022.

CRUZ, Lucas. *6 Melhores geradores de persona e como criar seus simplesmente*. Expert Digital, 2020. Disponível em: https://expertdigital.net/6-melhores-geradores-de-persona-e-como-criar-seus-simplesmente/#google_vignette. Acesso em: 15 dez. 2023.

CURVELLO, João José Azevedo. *Comunicação Interna e Cultura Organizacional*. Edição revista e atualizada. Brasília: Editora Casa das Musas, 2012.

DIGITAIS, Guia-Se Agências. *Metodologia para definir posicionamento da marca*. Disponível em: https://guiase.com.br/posicionamento-da-marca/. Acesso em: 01 nov. 2022.

DIGITAIS, Resultados. *Quer fazer mais vendas com o seu ecommerce?* Siga estes 5 passos para buscar o sucesso. Resultados Digitais, 2021. Disponível em: https://resultadosdigitais.com.br/marketing/e-commerce-de-sucesso/Resulta. Acesso em: 15 nov. 2022.

DINIZ, Daniela. *25 anos de história da gestão de pessoas e negócios das Melhores Empresas para se Trabalhar*. São Paulo: Primavera Editorial. 2022.

DOMINGOS, Carlos. *Oportunidades Disfarçadas 2*: histórias reais de pessoas e empresas que transformaram problemas em grandes oportunidades. Ed. Sextante, 2019.

DUARTE, Felipe Mesquita. *SEO Local*: como melhorar o posicionamento no Google em minha cidade. Shapeweb, 2018. Disponível em: https://www.shapeweb.com.br/blog/2018/10/29/seo-local/. Acesso em: 05 nov. 2022.

DUARTE, Jorge; MONTEIRO, Graça. Potencializando a Comunicação nas Organizações. *In*: KUNSCH, Margarida M. Krohling (org.). *Comunicação Organizacional*: linguagem, gestão e perspectivas. Rio de Janeiro: Saraiva UNI, 2009. v. 2.

ECHEVERRÍA, Rafael. *Fragmentos de Ontologia da Linguagem. In*: SENNA, Suzana R. de (trad.). O Escutar: o lado oculto da linguagem (Capítulo 5). Material de uso da Formação em Coaching Executivo Organizacional. São Paulo, 2007.

E-COMMERCEBRASIL. *O gigantismo do Mercado Livre*. E-commerce Brasil, 2022. Disponível em: https://www.ecommercebrasil.com.br/artigos/o--gigantismo-do-mercado-livre. Acesso em: 15 dez. 2023.

E-COMMERCEBRASIL. *Seis tipos de ameaças que seu e-commerce corre o risco de sofrer*. E-commerceBrasil, 2022. Disponível em: https://www.ecommercebrasil.com.br/artigos/ 6-tipos-de-ameacas-que-seu-e-commerce-corre--risco-de-sofrer. Acesso em: 15 nov. 2022.

ÉRIKA. *Segurança da Informação X Redes Sociais*. Revista Infra Magazine7, 2012. Disponível em: https://www.devmedia.com.br/seguranca-da-informacao-x-redes-sociais-revista-infra-magazine-7/25678. Acesso em: 05 dez. 2023.

ESTRELLA, Charbelly; BENEVIDES, Ricardo; FREITAS, Ricardo (Org.). *Por dentro da Comunicação Interna*: tendências, reflexões e ferramentas. Curitiba: Editora Champagnat, 2009.

FEBRACIS. *5 vantagens do líder coach sobre outras lideranças*. Febracis. Disponível em: https://febracis.com/lider-coach-sobre-outras-liderancas/. Acesso em: 18 dez. 2022.

FENAJ. *Manual de assessoria de imprensa* – 2007. 4. Ed. Disponível em: http://repositorio.asces.edu.br/bitstream/123456789/1701/1/Livro%20 Manual%20de%20Assessoria%20de%20Imprensa%20ASSESSORIA%20

REFERÊNCIAS

DE%20COMUNICA%c3%87%c3%83O%20E%20IMPRENSA.pdf. Acesso em: 15 dez. 2023.

FURBINO, Isabella. *Coaching no Desenvolvimento de Líderes*: entenda a importância. Sólides, 2018. Disponível em: https://blog.solides.com.br/coaching-no-desenvolvimento-de-lideres/. Acesso em: 18 dez. 2022.

GARCIA, Alessandro. *Metodologia Sólides*. A Jornada Eficiente da Gestão de Pessoas. Sólides. 2023.

GARCIA, Clau. Comunicação Organizacional na Era Tech. 1. Ed. Rio de Janeiro: Editora Freitas Bastos, 2024.

GARCIA, Clau. *Endomarketing como aliado do Employer Branding nas organizações*. Unyleya, 2023. Disponível em: https://blog.unyleya.edu.br/especialize-se/endomarketing-como-aliado-do-employer-branding-nas-organizacoes/. Acesso em: 15 dez. 2023.

GOMAN, Carol Kinsey. *Curso Liderança Colaborativa do LinkedIn*. LinkedIn. Disponível em: https://br.linkedin.com/learning/lideranca-colaborativa?originalSubdomain=br. Acesso em: 18 dez. 2022.

GOOGLE Ads. *Ferramentas e campanhas que podem ajudar a alcançar os seus objetivos*. Audience insights, 2023. Disponível em: https://ads.google.com/intl/pt-PT_pt/home/tools/audience-insights/. Acesso em: 15 dez. 2023.

HERSEY, P.; BLANCHARD. *Gestão de pessoas: desenvolvendo pessoas e organizações*. São Paulo: Artmed, 2017.

HOZOV, Bruno. *Brasil lidera índice de rotatividade de funcionários em todo o mundo*. 100 X Brasil Investimentos em Turismo,2023. Disponível em: https://www.panrotas.com.br/100xbrasil/pesquisas-e-estatisticas/2023/08/brasil-lidera-indice-de-rotatividade-de-funcionarios-em-todo-o-mundo-56_199128.html. Acesso em: 15 nov. 2023.

KUNSCH, Margarida M. Krohling (org.). *Comunicação Organizacional*. São Paulo: Saraiva, 2009. v. 2.

KUNSCH, Margarida M. Krohling. *Planejamento de Relações Públicas na Comunicação Integrada.* São Paulo: Summus Editorial, 2003.

LINKA. *Como estratégias de SEM podem ajudar a sua empresa.* Linka, 2022. Disponível em: https://linka.com.br/como-estrategias-de-sem-podem--ajudar-o-marketingda-sua-empresa/. Acesso em: 03 nov. 2022.

LISBOA, Alveni. *LinkedIn supera rivais de peso e é a rede social preferida dos brasileiros.* 2023. Disponível em: https://canaltech.com.br/redes-so-ciais/linkedin-supera-rivais-de-peso-e-e-a-rede-social-preferida-dos-brasilei-ros-242502/. Acesso em: 15 dez. 2023.

MARTINS, Marta Terezinha Motta Campos. *Diálogo e interações face a face*: a força da oralidade na comunicação interna. Organicom, ano 10, número 19, 2° semestre, 2013.

MATCH BOX. *As 5 empresas do Brasil que mandam bem no Employer Branding.* Match Box, 2023. Disponível em: https://matchboxbrasil.com/as--5-empresas-do-brasil-que-mandam-bem-no-employer-branding/. Acesso em: 05 dez. 2023.

MERCADO & CONSUMO. *As 10 tendências do e-commerce na China em 2022, segundo o Alibaba.* Mercado & Consumo, 2022. Disponível em: https://mercadoeconsumo.com.br/03/01/2022/destaque-do-dia/as-10-tenden-cias-do-e-commerce-na-china-em-2022-segundo-o-alibaba/. Acesso em: 15 nov. 2022.

META. *102 milhões de brasileiros compartilham momentos no facebook todos os meses.* Facebook, 2023. Disponível em: https://pt-br.facebook.com/busi-ness/news/102-milhes-de-brasileiros-compartilham-seus-momentos-no-face-book--todos-os-meses. Acesso em: 15 dez. 2023.

META. *Managing Message Templates with the WhatsApp Business Platform.* WhatsApp Business, 2022. Disponível em: https://business.whatsapp. com/blog/manage-message-templates-whatsapp-business-api. Acesso em: 15 dez. 2023.

REFERÊNCIAS

MICROSOFT. *Microsoft divulga resultados e considerações sobre um ano de trabalho remoto no índice de tendências do trabalho.* Microsoft, 2021. Disponível em: https://news.microsoft.com/pt-br/microsoft-divulga-resultados--e-consideracoessobre-um-ano-de-trabalho-remoto-no-indice-de-tendencias--do-trabalho/. Acesso em: 15 nov. 2023.

NASSAR, P. *Aberje 40 anos*: a história da comunicação corporativa. v. 4, n. 7, p. 30, 14 dez. 2007. Disponível em: https://doi.org/10.11606/issn.2238-2593.organicom.2007.138940. Acesso em: 15 nov. 2023.

NERDWEB. *Por que ter um e-commerce? 7 vantagens para o seu negócio.* Nerd Web, 2020. Disponível em: https://nerdweb.com.br/noticias/2020/10/por-que-ter-um-e-ommerce-vantagens-para-o-seu-negocio.html. Acesso em: 15 nov. 2022.

OLIVEIRA, Ivone de Lourdes; ALENCAR, Terezinha Gislene Rodrigues. *A dinâmica Comunicativa no Ambiente Interno das Organizações*: inter-relação da comunicação formal com a comunicação informal. 2010.

ORACLE *O que é IA?* Saiba mais sobre inteligência artificial. Oracle, 2023. Disponível em: https://www.oracle.com/br/artificial-intelligence/what-is-ai/. Acesso em: 15 dez. 2023.

PEDRA, David. *Comunicação Organizacional*: o que é + principais tipos. Siteware, 2023. Disponível em: https://www.siteware.com.br/blog/comunicacao/comunicacao-organizacional/. Acesso em: 05 dez. 2023.

PEREIRA, Raquel. *Panorama do Marketing Digital 2023*: Dados sobre o Marketing Digital no Brasil. Agência Mestre, 2023. Disponível em: https://www.agenciamestre.com/marketing-digital/panorama-do-marketing-digital/. Acesso em: 15 dez. 2023.

PIMENTEL, Isabella. *Ouvi Dizer*: Comunicação Integrada como Antídoto para Boatos Organizacionais. Rio de Janeiro: Appris, 2022.

PINTO, Gabriel Azevedo de Abreu; MOGNON, Francieli; CUSTÓDIO, Juliana Cândido. *Aplicação dos Instrumentos de Comunicação Interna na Evolução do Processo Comunicacional*: Estudo De Caso.

PIRES, Raphael. *Tipos de mídia*. Rock Content, 2017. Disponível em: https://rockcontent.com/br/blog/tipos-de-midia/. Acesso em: 14 dez. 2022.

RODRIGUES, Jonatan. *Pesquisa indica recursos mais relevantes de mídias sociais + 95 estatísticas de redes em 2022*. Resultados Digitais, 2022. Disponível em: https://resultadosdigitais.com.br/marketing/estatisticas-redes-sociais/. Acesso em: 15 dez. 2023.

ROSENBERG, Marshall B. *Comunicação não violenta: técnicas para aprimorar relacionamentos pessoais e profissionais*. Disponível em: https://books.google.com.br/books?id=SAg1EAAAQBAJ&newbks=0&printsec=-frontcover&hl=pt-BR&redir_esc=y#v=onepage&q&f=false. Acesso em: 18 dez. 2022.

ROSENBLUTH, Half F.; PETERS, Diane M. *O cliente em segundo lugar*. São Paulo: M.Books do Brasil, 2004.

SABIN. *Quem somos*. Sabin, 2023. Disponível em: https://www.sabin.com.br/o-sabin/quem-somos/?cidade=brasilia-df. Acesso em: 05 dez. 2023.

SARRAF, Thiago. *É possível começar e-commerce com apenas um produto?* E-commerce Brasil, 2022. Disponível em: https://www.ecommercebrasil.com.br/artigos/e-commerce-com-apenas-um-produto. Acesso em: 15 nov. 2022.

SEO10 PROJETOS DIGITAIS. *A evolução do marketing digital nos últimos 10 anos*. SEO10digital, 2019. Disponível em: https://seo10digital.com.br/evolucao-do-marketing-digital/. Acesso em: 01 nov. 2022.

SÉRGIO. *People First*: Como essa cultura pode ajudar no engajamento de pessoas. Santo Caos, 2023. Disponível em: https://www.santocaos.com.br/people-first-no-engajamento-de-pessoas/. Acesso em: 05 dez. 2023.

SIMBIOX. *Fluxo de comunicação*: qual é o da sua empresa? Simbiox. Disponível em: https://www.simbiox.com.br/fluxo-de-comunicacao-qual-e-o-da-sua-empresa. Acesso em: 01 nov. 2022.

STONE. *Quinze dicas para melhorar a experiência de compra no seu e-commerce*. Stone, 2021. Disponível em: https://conteudo.stone.com.br/12-dicas-

-para-melhorar-a-experiencia-de-compra-da-minha-loja-virtual/. Acesso em: 15 nov. 2022.

UNITED NATIONS OFFICE ON DRUGS AND CRIME. *A agenda 2030 para o desenvolvimento sustentável.* UNODC, 2023. Disponível em: https://www.unodc.org/lpo-brazil/pt/crime/embaixadores-da-juventude/conhea--mais/a-agenda-2030-para-o-desenvolvimento-sustentvel.html. Acesso em: 15 nov. 2023.

ZENDESK. *6 cases de empresas que utilizam chatbot para você se inspirar.* Zendesk, 2023. Disponível em: https://www.zendesk.com.br/blog/empresas--que-utilizam-chatbot/. Acesso em: 15 nov. 2022.